Krachs sur mesure

©2021. EDICO
Édition : JDH Éditions
77600 Bussy-Saint-Georges. France

Imprimé par BoD – Books on Demand, Norderstedt, Allemagne

Illustration et conception couverture : Yoann Laurent-Rouault pour la Cat's Society
Réalisation graphique couverture : Cynthia Skorupa

ISBN : 978-2-38127-189-7
Dépôt légal : septembre 2021

Le Code de la propriété intellectuelle n'autorisant, aux termes de l'article L.122-5.2° et 3°a, d'une part, que les copies ou reproductions strictement réservées à l'usage privé du copiste et non destinées à une utilisation collective , et d'autre part, que les analyses et les courtes citations dans un but d'exemple et d'illustration, toute représentation ou reproduction intégrale ou partielle faite sans le consentement de l'auteur ou ses ayants droit ou ayants cause est illicite (art. L. 122-4).
Cette représentation ou reproduction, par quelque procédé que ce soit constituerait une contrefaçon sanctionnée par les articles L. 335-2 et suivants du Code de la propriété intellectuelle.

Stéphane Ceaux-Dutheil
Quentin Eyrolles

KRACHS SUR MESURE

Les prévoir, les éviter et savoir en profiter

JDH Éditions
Les Pros de l'Éco
Documents et révélations

PRÉFACE

Je n'ai jamais arpenté de glacier en me demandant quand une crevasse allait m'avaler, gravi de montagne en craignant qu'un appui cède sous mon pied, skié sur un lac gelé en redoutant d'être englouti par les eaux glacées, ni visité les profondeurs d'un océan en tremblant de finir dans l'estomac d'un requin. En revanche, j'ai plusieurs fois craint d'être anéanti, si ce n'est physiquement, tout du moins financièrement. Qui a vécu le krach de 2000, celui de 2008 et plus récemment le trou d'air de mars 2020, en pleine crise Covid, connaît les sensations horribles qui vous submergent alors. La boule dans l'estomac, l'impression que le sol se dérobe sous les pas, le goût aigre dans la bouche, le puissant malaise général... Tout cela parce qu'on ne peut prévoir un krach, et encore moins savoir jusqu'où il nous entraînera. Mais sans doute aurais-je dû employer l'imparfait, car depuis l'ouvrage que vous avez entre les mains, tout va changer. Vous êtes parmi les premiers à être informés d'une méthode révolutionnaire mise au point par Stéphane Ceaux-Dutheil, fruit de très longues années d'observations, d'expérience et de travail.

Passionné par le sujet depuis ses débuts en analyse graphique et financière, l'auteur est en effet parvenu à démonter les mécanismes de ces véritables séismes boursiers. Partant de bulles, dont il décrit minutieusement la formation de façon à permettre leur identification aisée, il arrive à mettre en évidence le moment où ces bulles éclatent. Il précise les conditions de validité de ces éclatements et décrit les objectifs de baisse auxquels on doit s'attendre. Passant d'un horizon de temps à un autre, d'une bulle à la suivante, il décrit la possible propagation de la bulle et les dégâts que son éclatement peut causer, avec des objectifs de baisse chiffrés.

Mais commençons par le commencement, car il n'est pas si fréquent que les grands indices boursiers s'effondrent et qu'on doive s'en protéger. En revanche, on a souvent dans son portefeuille des actifs financiers qui, après avoir beaucoup monté, commencent à piquer du nez. Ou bien on lorgne sur d'autres, qui ont lourdement chuté et dont on se demande si le moment n'est pas venu de les acheter.

C'est là que l'auteur intervient : il explique en peu de mots comment bien définir les différents cas, en fonction de leur évolution récente, et quelles conclusions en tirer. Que se passe-t-il si la valeur baisse de 25 % par rapport à sa hausse précédente ? De 38 % ou plus ? Si elle rebondit ensuite…

Dans le cas le plus général d'une forte hausse (ou d'une forte baisse, naturellement), on est pris par la main et l'on apprend où et quoi regarder, et comment réagir de façon correcte. Quels sont les choix disponibles, comment gérer sa position ? Stéphane Ceaux-Dutheil nous fait découvrir ses solutions.

Mais ce n'est pas tout, loin de là, car une fois traité le cas général, l'auteur s'intéresse à ce qui motive le titre de l'ouvrage, à savoir les krachs. Il définit précisément ce qu'est une bulle spéculative sur un actif quelconque (action, indice, CFD, cryptomonnaie, Future, etc.), comment elle se forme, comment elle se propage parfois à d'autres horizons de temps, et surtout quand et comment elle éclate. Un éclatement très exactement prévisible, ce qui permet de se dégager dans ce cas apocalyptique bien avant d'être vraiment touché sur le plan financier. Quels sont les objectifs de baisse, comment réagir, tout cela est expliqué noir sur blanc. Et, parmi les stratégies à appliquer, il en est même qui vous permettent de profiter de cet Armageddon !

Cerise sur le gâteau, une première partie passionnante, magistralement narrée par l'expert en Cryptomonnaies Quentin Eyrolles, retrace l'historique des premières bulles et des krachs gigantesques qui ont ébranlé le monde. Il remonte à 1720 pour expliquer la naissance et le déroulement de ces grands évènements, afin de mieux nous faire comprendre les puissants ressorts psychologiques qui sont à l'origine de ces mouvements. C'est une remarquable introduction à la deuxième partie, qui est plus spécifiquement dédiée à l'analyse graphique et financière.

Vous l'aurez compris, cet ouvrage est un incontournable, et il signe une véritable révolution dans le monde de la finance. Loin de redouter les krachs, ces épisodes effrayants, vous en viendrez presque à les souhaiter de façon à mieux en profiter...

Frank LOHÉAC
Ancien rédacteur en chef du magazine PC ACHAT

LE MOT DES AUTEURS

Nous sommes tous sensibilisés avant notre majorité, par les manuels d'histoires au collège et d'économie au lycée, aux grandes crises qui ont souvent débuté par un effondrement des cours de bourse. Elles ont ensuite causé chômage, précarité voire pauvreté. Bien souvent, on diabolise la Bourse en disant que c'est par elle que ces situations dramatiques sont survenues. Elles ont laissé de profonds stigmates dans les économies de l'époque, mais également dans l'esprit de nombreuses personnes. Malheureusement, l'effondrement des cours n'est que la conséquence de situations anormales, liées dans leurs parties terminales à l'appât du gain. L'effet de masse et la psychologie des foules provoquent une irrationalité sans aucune limite. Il y a une distorsion très importante entre la valorisation du marché et celle de l'économie réelle. Mais le déni de réalité devient tout aussi puissant que la volonté de s'enrichir encore et toujours, jusqu'au moment où...

En conséquence, beaucoup d'investisseurs potentiels sur les marchés d'actions préfèrent s'orienter vers des placements dits théoriquement plus sûrs comme la pierre, l'or, les obligations (mais qui peuvent eux aussi connaître des dépressions), le livret A ou les contrats d'assurance-vie dits sans risque (mais sans grand rendement non plus).

Ces réflexes de protection sont en grande partie animés par la peur des krachs et les risques de perdre tout ou une très grande partie de ses économies.

Nous espérons que ce livre démystifiera les krachs tant redoutés, qui ne sont pas si imprévisibles que cela !

INTRODUCTION

Ce que les investisseurs, les gérants de fonds, les opérateurs de marché redoutent le plus et considèrent comme imprévisible dans les krachs, c'est leur rapidité et leur amplitude.

Après quelques recherches approfondies et des rappels sur les krachs les plus retentissants de l'Histoire (la bulle des mers du Sud en 1720, le Krach de 1929, le Krach de la bulle Internet de 2000, la crise des « Subprimes » en 2008, ou encore les krachs sur le Bitcoin en 2017 et 2021), nous aborderons un modèle graphique prédictif, obéissant à des codes très précis, pour définir et suivre une bulle spéculative. Elle se dégonflera tôt ou tard et pourra dans certaines conditions conduire à un krach.

Après plus d'une dizaine d'années de recherches et de modélisation sur de nombreuses bulles spéculatives et autres krachs, nous pouvons affirmer qu'il y a beaucoup d'ordre dans ce chaos.

Il sera intéressant de définir exactement ce qu'est une bulle spéculative et sur quelle(s) base(s) de temps on la constate (4 heures, journalier, hebdomadaire, mensuel). Quel sera le mécanisme d'éclatement, de propagation et les différentes implications…

Schématiquement, on peut comparer un éclatement de bulle à une onde de déflagration (à un effet de souffle) qui prend de plus en plus d'ampleur selon certaines conditions. Cela nous conduit à classifier les bulles et les krachs par catégorie.

Chaque krach de l'Histoire rentre dans une catégorie bien précise selon le modèle évoqué, avec un très bon niveau de prévisibilité et d'anticipation.

Ce qui nous semble être le moins prévisible, c'est l'amplitude de l'excès avant un éclatement de la bulle spéculative. Mais, finalement, ce détail n'est que secondaire, car on sait parfaitement qu'on ne vendra jamais au plus haut. L'essentiel est la prise de conscience qu'une bulle est en formation. Il conviendra surtout d'éviter les risques asymétriques (potentiel de gain inférieur au potentiel de perte) et ne pas travailler contre le modèle. Celui-ci vous dit à un moment précis qu'il y a un risque d'éclatement de bulle avec un objectif parfaitement défini de baisse, qui a une probabilité d'environ 80 % d'être atteint. Si cet objectif est dépassé, c'est ce que nous appelons la propagation à un niveau supérieur, qui peut encore engendrer une baisse plus importante selon le même protocole et si ce niveau supérieur est lui aussi dans une situation de bulle.

Ce livre est unique dans l'histoire littéraire des krachs, car il fera passer un évènement totalement dramatique à un protocole de suivi et de gestion excessivement ludique !

Outre la modélisation des krachs, nous vous montrerons comment construire, à l'aide de l'analyse graphique, un raisonnement objectif avec méthode et convictions. Cette approche devrait, nous l'espérons, révolutionner votre vision des marchés et de la Bourse en général.

Nous vous souhaitons de prendre du plaisir à la lecture de ce livre.

PREMIÈRE PARTIE

Les bulles et krachs célèbres de l'Histoire

1 – La bulle des mers du Sud

Le krach de 1720, l'une des premières grandes crises de l'Histoire, se situe dans la continuité de la bulle des mers du Sud qui se déroula de 1711 à 1720. Pour la première fois de son histoire, l'Empire britannique affronta les dérives de sociétés par actions et, par extension, le succès de « l'ère mercurienne » : le triomphe de la Bourse et du marché[1]. Le cours des marchés britanniques va, comme dans nos prochaines ébauches d'histoires boursières, se retrouver confronté à la psychologie humaine et à la pression des grandes institutions financières. À travers ce récit, nous allons comprendre comment la crise de 1720 a touché massivement le Royaume-Uni et son économie.

Les débuts de l'Empire

Remontons dans le temps

Tout commence au XVe siècle avec l'hégémonie de l'Empire catholique d'Espagne. À cette époque, Cristoforo Colombo, de son vrai nom, met pied à terre en Amérique et donne naissance au *Nouveau Monde*. La naissance de ces colonies assure ressources et prospérité à l'Empire. Le commerce international s'enrichit, et avec le traité de Tordesillas (1494), le monde est découvert. En effet, la cartographie du globe terrestre était encore incomplète et beaucoup d'érudits vouaient leur vie à simplement cartographier des lieux inconnus jusqu'alors, tels que l'Amérique, l'Afrique et les Indes. Pour chaque explorateur, découvrir de nouvelles terres serait assimilable à la découverte de nouvelles planètes de nos jours.

---

[1] Yuri Slezkine symbolise l'ère mercurienne comme le basculement du pouvoir en faveur du banquier, du marché et des commerces en général. L'agriculture et la guerre sont reléguées en seconde zone : ère apollinienne.

À cette époque, le Royaume-Uni jouit d'un empire grandissant. Mais la volonté de l'Empire britannique, à l'image de l'Empire français, de récupérer la mainmise sur les ressources espagnoles est tout aussi présente. Le Royaume-Uni va alors créer la Compagnie anglaise des Indes orientales pour concurrencer le monopole de ces empires hégémoniques. En parallèle, le gouvernement se chargera de financer de multiples assauts de pirates au XVIe et XVIIe siècle pour déstabiliser les navires espagnols. À cette même période, l'Europe subit périodiquement de grandes pandémies de peste noire, fragilisant l'expansion des colonies. La maladie n'épargnera pas le Royaume-Uni, surtout Londres, et la contamination sera grandement favorisée par le trafic fluvial[2]. Surnommée The Great Plague, la dernière grande vague épidémique de l'Histoire décimera 20 % de la population londonienne en 1665, causant une extrême pauvreté dans la capitale, un chômage de masse, et elle impactera l'économie anglaise jusqu'à la fin du XVIIe siècle. Dans la continuité, pour faire face à la peste de 1665 et aux dépenses de guerre croissantes avec la guerre de Neuf Ans (1688-1697), le gouvernement anglais permettra les émissions d'emprunts auprès des citoyens. Or, avant la création de la *South Sea Company*, le marché de la dette publique connaît déjà des difficultés, en raison de l'accroissement excessif de la dette non fondée. Cette dette publique, dite aussi «*flottante*», caractérise la création d'une dette sans constitution préalable de fonds garantissant le remboursement des créanciers. Plus le temps passe, plus l'émission de nouvelles dettes non fondées devient dangereuse et difficile. C'est dans ce contexte que naîtra en 1694 la Banque d'Angleterre, avec un simple prêt de

---

[2] La peste touche Londres consécutivement en 1604, 1610, 1629, puis 1636.

1,2 million de livres fait au gouvernement à un taux d'intérêt annuel de 8 %. Ses opérations financières se multiplieront en proportion de l'accroissement du montant de la dette et des créanciers publics. L'insolvabilité de cette énorme dette du gouvernement britannique va alors pousser deux directeurs de la *Hollow Sword Blades Company*[3] (Blunt et Caswall), ainsi qu'Ambrose Crowley, l'un des plus importants créanciers publics à proposer au nouveau Premier ministre du parti Tory, Robert Harley, de réunir dans une seule compagnie tous les créanciers de la dette publique flottante, d'un montant à l'époque de 9 471 324 livres.

Fondation de la Compagnie

La Compagnie des mers du Sud ou *South Sea Company* est alors fondée en 1711 par Robert Harley, du parti conservateur Tory. La société de commerce, de par ses relations dans la sphère politique, se voit confier l'exclusivité des négociations avec les colonies espagnoles au Royaume-Uni. En contrepartie de l'accès au monopole, la South Sea Company doit accepter l'échange de 10 millions de livres en bons du Trésor contre des actions à un taux d'intérêt de 6 %. Ce processus vise à rassurer ses investisseurs en leur proposant une rente pérennisée. Les premiers investisseurs seront les notables et les membres royaux qui s'empresseront de louer le génie de M. Harley et de sa jeune Compagnie. Bien sûr, chaque partie prenante des échanges d'actions contre les titres de la dette publique y trouve son intérêt : l'État diminue la charge de sa dette ; les actionnaires obtiennent une rente régulière basée sur la fluctuation du capital ; les

---

[3] Ou « Sword Blade Company » est une *Joint-stock company*, société par actions en français.

détenteurs de la dette peuvent espérer une plus-value dans une société à fort potentiel. La première cotation de l'action *South Sea Company* a lieu le 18 septembre 1711 et se montera à 66 livres. Le cours de l'action restera stable jusqu'au 9 mai 1715, date à laquelle il franchit le cap des 100 livres pour la première fois. Impliqué dans la guerre de succession de l'Empire d'Espagne, le parti de Harley est chargé des négociations de l'Empire britannique lors du traité d'Utrecht (1713). Malgré les relations secrètes entretenues avec l'Espagne, la South Sea Company n'obtient qu'un simple contrat d'asiento[4] sur les traites d'esclaves dans les colonies. La jeune compagnie se trouva alors dans l'obligation d'espérer un premier voyage concluant. En 1717, le premier navire part pour l'Amérique, mais malheureusement, comme prévu, les ressources rapportées sont très faibles. Pour dissimuler ce premier voyage désastreux, ne pas inquiéter les nobles et les investisseurs, la Compagnie modifie son bilan et communique qu'elle sera immensément profitable sur le long terme. Harley choisira même de racheter deux millions de livres de dette de plus, en gage de confiance pour rassurer ses partisans. Les résultats de son activité commerciale s'estiment autour de 100 000 livres entre 1714 et 1718. Par la même occasion, la dette publique britannique subit une augmentation fulgurante à cette même période. En effet, entre 1688 et 1702, la dette de l'Empire croît rapidement, passant de 1 à 16,4 millions de livres en raison de la dernière peste noire et des guerres. Puis, jusqu'en 1714, elle triplera pour atteindre 48 millions de livres sterling. La compagnie, continuant son stratagème, décide de racheter en 1719 plus de la moitié de la

---

[4] Contrat administratif dans lequel une société ou un particulier s'engage à accomplir une mission de l'État à sa place, en échange d'une redevance.

dette publique du pays. Cette même année, la dette britannique franchit le cap des 50 millions de livres. À noter ici que la dette est souhaitée par des membres royaux et des créanciers très influents. Le but étant en majeure partie de favoriser la création de taux d'intérêt assurant des bénéfices permanents aux heureux détenteurs de cette dette. De plus, les intérêts politiques et la corruption dans les hautes sphères (pots-de-vin) amènent la Banque d'Angleterre, alors concurrente directe de la Compagnie des mers du Sud, à se positionner pour le rachat de la dette britannique.

Le *Bubble Act,* 1720

Le succès de la Compagnie des mers du Sud donne alors envie à d'autres compagnies de faire de même. Prétendant exploiter d'autres routes commerciales, ces entreprises à capital public se retrouvent rapidement surnommées « *bubble* » par les citoyens, en dépit de la notoriété de la *South Sea Company*. C'est pourquoi, en juin 1720, le *Bubble Act* voit le jour et imposera une Charte royale à toutes les compagnies à capital public. Lorsque la loi est adoptée, Harley et ses agents sont alors bien heureux, car ces bulles privaient la Compagnie des nouveaux investissements effectués par les citoyens. La mise en place du Bubble Act se fait pendant la phase de gonflement de la bulle, et non après l'éclatement : loin d'être une tentative d'assainir le marché, le but escompté est plutôt de chercher à dissuader ces nouveaux arrivants. L'obtention de la charte royale pour la South Sea Company augmente encore sa popularité, ses actions passent alors le cap des 890 livres début juin 1720.
Ce nouveau pic encourage certains investisseurs à vendre frénétiquement. En effet, l'action a déjà été mul-

tipliée par 5 depuis janvier. Afin de limiter la pression baissière, les directeurs de la compagnie ordonnent à leurs associés de racheter les titres, ce qui maintient le cours aux environs de 750 livres. À ce moment précis, l'histoire de la bulle des mers du Sud aurait pu être différente si la Compagnie avait vu son cours baisser et s'assainir davantage. Les investisseurs à fort capital, en vendant leurs positions, auraient dû amener le cours autour des 400 livres, jusqu'alors prix de référence. En effet, selon le Bank Contract (1720) ordonné par le gouvernement royal, la banque d'Angleterre devait racheter les actions à 400 livres afin de garantir sa liquidité. Mais elle refusera de soutenir la South Sea Company, la considérant comme sa rivale.

Cependant, la tendance baissière avait déclenché un sentiment de panique chez les investisseurs et poussa certains agents de la Compagnie, guidés par leurs émotions, à vendre aussi leurs titres.

Pour enrayer ce phénomène, la Sword Blade Company, institution financière de la *South Sea Company*, prête généreusement à ses clients privés et aux banquiers londoniens, en acceptant comme collatéral les actions de la Compagnie. Cette expansion de crédits pour ces investisseurs privilégiés participe à la progression fulgurante du cours à un nouveau pic de 1 050 livres à l'été 1720, soit +718 % par rapport au 1er janvier. La frénésie pour les crédits entraîne une contagion spéculative vers les titres de la Banque d'Angleterre et de la Compagnie des Indes orientales à l'été de la même année. Néanmoins, les prêts accordés par la Sword Blade Company amèneront de sérieux doutes sur sa stabilité financière, à la suite de la tendance baissière du cours avant cette opération. Les plus avertis se ruent aux guichets pour solder leurs positions. Avec l'effet de masse, le mouvement s'accélère et les guichets de la Sword Blade Company sont pris d'assaut. Ne pouvant plus faire face aux conséquences de cette panique, elle cesse ses paiements le 24 septembre 1720. En parallèle, de nombreux agents qui ont prêté contre les actifs de la Compagnie font faillite. L'histoire raconte que des banquiers se sont alors déguisés pour s'introduire dans la file et se faire rembourser en petites pièces. Grâce à cette ruse, la Banque réussit à contenir la vente de ses actifs pendant une semaine.

Au même moment, d'autres bulles éclatent en Europe, notamment à Paris avec la compagnie du Mississippi. Cette bulle va d'ailleurs directement impacter le cours de la South Sea Company, après que certains investisseurs anglais s'y impliquent. En effet, le système de John Law[5] en France a servi de modèle à la Compagnie des mers du Sud pour racheter à long terme la dette publique anglaise restante non détenue par la Banque d'Angleterre. Fin septembre, le cours retombe à 150 livres, ce qui provoque de nombreuses faillites chez ceux qui avaient acheté à crédit et pousse une majorité de Londoniens à vendre à découvert. La crise se propage à la Banque d'Angleterre, qui avait suivi le modèle sur gage d'actions. La politique de crédit mise en place par la Banque afin de soutenir les cours conduit la majorité de ses investisseurs à vendre pour rembourser leurs emprunts.

Parmi eux, Isaac Newton, qui fit les frais de sa gourmandise après avoir fait un bénéfice de 7 000 livres en avril, décide de racheter à son ATH ou pic boursier. Résultat des comptes, il perdit plus de 20 000 livres : « *Je peux prévoir le mouvement des corps célestes, mais pas la folie des hommes* », déclara-t-il sur un ton abattu.

---

[5] Le système de Law consiste à utiliser du papier-monnaie ou des titres en papier plutôt que des espèces métalliques pour faciliter l'investissement et le commerce en général.

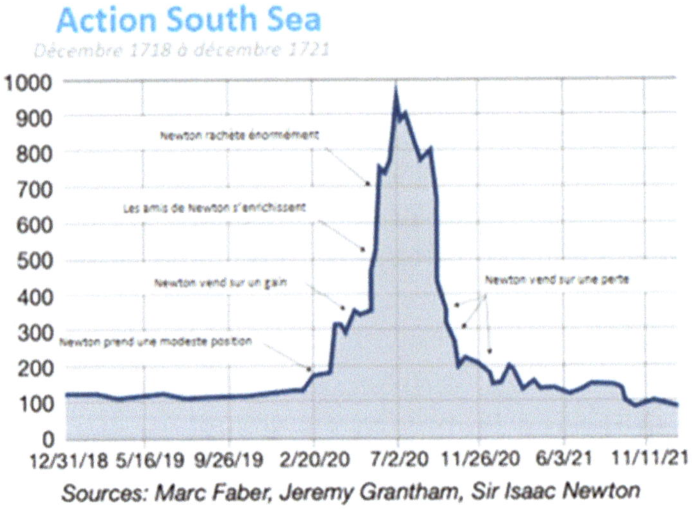

Action South Sea
Décembre 1718 à décembre 1721

[Graphique montrant l'évolution du cours de l'action South Sea de 12/31/18 à 11/11/21, avec un pic autour de 1000 livres. Annotations : « Newton prend une modeste position », « Newton vend sur un gain », « Les amis de Newton s'enrichissent », « Newton rachète énormément », « Newton vend sur une perte ».]

Sources : Marc Faber, Jeremy Grantham, Sir Isaac Newton

Le graphique ci-dessus montre l'évolution de la psychologie de Newton et les prises de position qui en ont découlé. À ses dépens, son analyse du marché est guidée par ses émotions, la cupidité prenant le pas sur la raison. Il est fort probable que le modèle de gonflement et d'éclatement de bulle abordé en deuxième partie de l'ouvrage se soit ajusté à cette situation, trois siècles auparavant.

Le cours de l'action retombera à 100 livres avant la fin de l'année 1720. Devant la colère des citoyens, le Parlement britannique est dissout en décembre et une commission d'enquête est mise en place. Dans le rapport qu'elle publiera en 1721, la commission révèle une fraude de grande ampleur organisée par les directeurs de la compagnie. Ces directeurs sont alors arrêtés, puis jetés du haut de la tour de Londres. La plupart seront dépossédés de l'essentiel de leurs biens. Certains associés iront jusqu'à se suicider à la veille de leur procès. Robert Walpole, actuel Premier Lord du Trésor et ancien opposant pour les rachats de la dette, fut obligé d'annoncer une série de mesures pour assurer la solvabilité de la Compagnie des mers du Sud, mais aussi pour rétablir la confiance publique. Pour de célèbres auteurs, le krach de 1720 laisse un goût amer et un sentiment d'incompréhension. Jonathan Swift, célèbre écrivain ayant investi dans la Compagnie, fait paraître un poème qui se nommera *La Bulle*. Il y compare les variations du cours des actions à la chute d'Icare, où chaque épargnant devient Icare ruiné par sa chimère. Daniel Defoe, en 1722, fera un parallèle avec la grande peste de 1665 qui amena chez les Londoniens vulnérabilité, panique et perte de confiance.

En conclusion, l'objectif politique du parti Tory et de son chef Robert Harley se solda par la création de la première société par actions, qui, d'une part, prendra un pouvoir susceptible de faire trembler l'économie tout entière d'un empire, mais, d'autre part, offrira à tout citoyen londonien la possibilité d'engranger des profits sans le moindre effort physique : synonyme de l'avènement du mercurien. Malheureusement, le marché est souvent profitable aux premiers arrivés, ici les nobles et les banquiers. Ainsi, les derniers parvenus sur les sommets se retrouvent sans contrôle, et donc vulnérables aux effets de foule et aux tendances parfois dévastatrices en bourse. L'investisseur moyen, qui est le jouet de ses propres émotions, subit sa cupidité et sa faiblesse morale, devenant petit à petit une sorte de chimère pour son Icare.

2 – La crise de 1929

Intéressons-nous désormais à la plus grande crise ayant existé au cours du XXᵉ siècle : le Krach de 1929, puis à la Grande Dépression à laquelle il donnera naissance les années suivantes. Une dépression est par définition un ralentissement de l'économie, caractérisé par une aggravation des conditions économiques d'un pays ou d'un État. Elle s'accompagne généralement de déflation. Cette déflation est de fait le pire scénario possible : diminution des capitaux en circulation, baisse des prix généralisée, chômage de masse, baisse de la production. En somme, les conséquences les plus néfastes pour une économie. À l'inverse, l'inflation, notamment contrôlée et très peu élevée (entre 2 et 4 %), est un signe favorable pour l'économie générale d'un pays. En effet, nous savons aujourd'hui que tendre vers un modèle inflationniste peut permettre un renflouement plus efficace des dettes. Du triomphe d'une guerre qui permettra au commerce de s'accroître à l'aveuglement d'une nouvelle caste d'investisseurs, cette histoire nous plongera dans un krach mettant deux guerres mondiales en écho. Dans ce nouveau récit, nous aborderons l'histoire du fameux Jeudi noir d'octobre 1929 et les raisons de son apparition, puis nous analyserons les facteurs ayant contribué à la Grande Dépression.

La puissance naissante des États-Unis

Notre histoire prend forme pendant les affrontements de la Première Guerre mondiale de 1914 à 1918.

Les nations européennes, affaiblies par les combats sur les champs de bataille, voient les ressources du *vieux continent* s'amenuiser également. En se positionnant avec les Alliés, les États-Unis espèrent puis réussissent à établir un lien de confiance avec la *Triple-Entente*[6]. Plus la guerre dure, plus les pays de l'Entente demandent de l'aide aux Américains. D'abord pour s'approvisionner en produits industriels, puis en matières premières, en énergie, et même en ressources alimentaires. Par exemple, les importations effectuées pour la France passent à 6 776 millions de francs, soit 20 % de plus qu'avant le début de la guerre. D'autre part, à la suite de leur prise de position en faveur de la guerre, les banques américaines sont conduites à prêter de l'argent aux puissances de l'Entente, créant ainsi des dettes. Ces aides financières vont se retrouver indispensables et décisives à la victoire du camp des Alliés. Les chiffres officiels dépasseraient les 10 milliards de dollars de 1917 à 1920, augmentant par la même occasion, tel un cercle vertueux, la richesse des États-Unis.

En parallèle à cette nouvelle économie, l'agriculture, organe vital à la construction d'une puissance hégémonique (*ère apollinienne*), sera dopée par les politiques productivistes, et notamment par le *National War Garden Commission* et sa campagne des « Jardins de la Victoire ». Cette aide alimentaire pour les pays en guerre va permettre une évolution considérable de la production alimentaire des États-Unis. La somme de ces évènements stratégiques (agriculture, production industrielle) permet aux Américains de devenir rapidement le moteur de l'économie mondiale.

Post-guerre mondiale, puis au cours des années 20, la croissance du pays se pérennisera avec par exemple une augmentation de la production totale de 50 % de 1921 à 1929. L'industrie automobile, qui embauchait 4,5 mil-

---

[6] Alliance militaire de la France et du Royaume-Uni mais aussi de la Russie impériale lors de la Première Guerre mondiale.

lions d'Américains en 1924, réussit à en embaucher 5,3 millions en 1929. Soit une hausse de 25 % en 5 ans dans un seul secteur industriel. Par ailleurs, la branche automobile augmentera de plus de 50 % sa production de voitures, notamment dans les usines Ford.
De ce fait, mais aussi à l'image de cette volonté d'industrialisation, le PIB (Produit Intérieur Brut) des États-Unis croît considérablement et prend une part de plus en plus importante à travers ses exportations vers les pays d'Europe, amenant une nouvelle stabilité financière pour les Américains. C'est ainsi que, pour la première fois de son histoire, le pays verra l'émergence d'une classe moyenne, qui symbolisera la naissance d'un récit historique : l'*American Dream*.
Adam Smith, économiste écossais et père des sciences économiques modernes, aura une grande influence sur le pays. Le gouvernement prendra pour modèle sa thèse libérale affirmant que le marché doit toujours se réguler par lui-même. En précisant également que l'État se devrait de limiter au maximum ses interventions, au risque de perturber le bon fonctionnement du marché. En effet, les pensées libérales de Smith étaient religions, au point de laisser une très faible influence à la FED, devenue banque centrale américaine depuis 1913. Les marchés boursiers étaient ainsi principalement constitués par des investisseurs institutionnels, c'est-à-dire des banques et des fonds d'investissement. La classe moyenne, avec une situation financière stable, se mettra elle aussi à s'intéresser petit à petit aux actions. Grâce à cette nouvelle épargne, beaucoup commencent à spéculer et à fréquenter les places boursières comme Wall Street.
Les banquiers, voyant l'engouement et l'euphorie suscités, vont mettre en place une politique d'incitation à l'emprunt pour satisfaire ce désir qui gagne la popula-

tion. Aussi surnaturel que cela puisse paraître, les investisseurs pouvaient désormais acheter une action en avançant seulement 10 % de son prix d'achat. En effet... les 90 % restants pouvaient être empruntés auprès d'une banque. C'est-à-dire que pour une action de 1 000 $, vous ne déboursiez que 100 $. Ce nouveau principe d'achat à crédit s'intitule le *Call Loan* et débute à partir de 1926 à Wall Street et sur toutes les places boursières du pays. Ce phénomène aura, par la suite, la peau des petits épargnants, mais surtout participera encore un peu plus à la bulle spéculative.

Utiliser un effet de levier de 10 est suicidaire. Une simple baisse de 10 % du cours signifie 100 % de perte sur l'investissement initial. Ce qui en somme devient dévastateur pour toute personne ayant opté pour un effet de levier trop important. Les banques et les fonds d'investissement vont ainsi se retrouver à plus accorder des prêts pour spéculer que pour acheter des maisons ou bâtir des projets. De 1928 à 1929, le montant des prêts visant à investir en Bourse a tout simplement doublé. La même année, Charles Meryl, fondateur de la Merrill Lynch, a déjà averti à l'époque de ne plus acheter d'actions sur le marché qui était devenu incontrôlable.

« *Sans que cela constitue une recommandation de vente, le moment est opportun pour se libérer de ses crédits* », a-t-il prévenu.

Malheureusement, tout le monde veut continuer à investir et s'enrichir... Toute ressemblance avec notre époque ne serait pas fortuite !

La légende raconterait que les nouveaux travailleurs, de l'ouvrier à l'ingénieur, couraient à Wall Street dès leur premier salaire pour acheter des actions tant cette euphorie spéculative s'était installée. À noter que pour l'époque, les actions ne pouvaient s'acheter que sur les places boursières, et malgré cela, 6 % de la population américaine possédait des actions d'entreprises.

Ce n'est qu'à la rentrée du mois de septembre 1929 que les cours commencèrent à montrer des signes de faiblesse. L'économiste Irving Fisher aurait déclaré, **une semaine avant** le Krach, que les marchés avaient atteint un plafond de verre qui serait très difficile à franchir.

Un peu plus tôt, l'Allemagne entrait déjà en récession. En effet, la Bourse de Berlin subit une perte de 31 % en un jour, l'une de ses plus violentes chutes, connue sous le nom de Krach du 13 mai. En conséquence, elle entraînera le Plan Young, qui rend le remboursement des dettes de la Bourse allemande prioritaire par rapport aux dettes commerciales avec les nations étrangères. Les prêteurs américains vont ainsi subir une première désillusion d'un espoir de remboursement proche.

Même scénario en Angleterre, à la suite d'une fraude de grande ampleur d'un certain Clarence Hatry. Ce personnage est souvent considéré à lui seul comme un des acteurs du krach de Wall Street. En effet, la société « Hatry Group » aura émis des actions frauduleuses, contaminant la majorité des banques du pays en 1929. Les investisseurs londoniens, trompés par la société, vont alors prendre peur et liquider leurs capitaux de la Bourse de Londres, mais également ceux présents à l'étranger. En conséquence, l'Angleterre fait face à une vague de hausse des taux d'intérêt par ces banques pour couvrir les pertes. Ces mesures drastiques impacteront les autres économies européennes par effet domino, mais surtout les États-Unis, économiquement liés à ces pays. Ils affronteront également une hausse majeure des rendements obligataires. Les investisseurs américains vont ainsi voir leurs remboursements de crédit augmenter.

Beaucoup d'entre eux, incapables de payer ces nouveaux intérêts, seront contraints de vendre leurs positions. La nouvelle panique aura un impact encore minime sur les cours des marchés boursiers.

Mais rappelez-vous ! Les *Call Loan* permettent un effet de levier de 10. Une baisse de 1 % de l'action fait perdre 10 % du portefeuille. Donc, si une baisse de 10 % intervient suite à la panique des hausses des taux, c'est 100 % de l'investissement des actionnaires qui est perdu. Tout investisseur ayant emprunté **ne peut donc plus rembourser ses dettes** et les banques font à leur tour faillite. La nouvelle se répand, et l'euphorie cède place à la panique.

Black Thursday, 24 octobre 1929

Dès le matin, les investisseurs se ruent pour vendre leurs actions papier à n'importe quel prix. Malheureusement, aucun acheteur ne se présente en ce jour. Petits porteurs et grands investisseurs se bousculent pour être le premier au guichet, allant jusqu'à provoquer une émeute à Wall Street. Avant midi, le Dow Jones perd déjà près de 16 % en 24 heures.

Selon les rumeurs, 12 traders s'étaient déjà jetés des fenêtres d'un hôtel en matinée. Les réceptionnistes, voyant des hommes en costume et en haut-de-forme se présenter par dizaines, posaient la question suivante : « Voulez-vous une chambre *pour dormir ou pour sauter ?* » Les téléimprimeurs chargés de noter l'historique des échanges avaient déjà 1 h 30 de retard à cause du volume de ventes. En mi-journée, les banquiers les plus influents vont s'associer pour racheter jusqu'à la clôture toutes les actions en vente au prix du marché, voire au-dessus dans certains cas. Le but était de sauver Wall Street et par la même occasion l'économie américaine. À la fin de la journée, les cours étaient remontés, causant des pertes beaucoup moins élevées que prévu (-2,1 % pour le Dow Jones) et quelques indices se payeront le luxe de clôturer dans le vert. Les volumes d'actions échangés pour ce Jeudi noir se montent à 13 millions contre un record précédent à 8,6 millions. Du jamais vu. En conséquence, les *margin calls*[7] s'accumuleront le vendredi et le samedi matin, causant la ruine de nombreux investisseurs. Mais surtout, c'est la confiance qui est rompue. Plus personne ne souhaite se risquer à investir et plus personne ne veut emprunter aux banques.

Jusqu'à la fin de semaine, les cours resteront stables, encore traumatisés par ce qu'il s'était passé. Le week-end passe. Mais le pire restait à venir : la bulle avait bel et bien éclaté.

Black Monday, 28 octobre 1929

Lundi matin, ce sont 9 millions d'actions qui sont vendues sur les marchés. C'est la panique dans tout le pays, les cours chutent de 13 % à nouveau et **personne** cette fois-ci ne viendra les soutenir. Mardi, c'est 16 millions d'actions qui sont vendues, et les cours chutent de 12 %. Sachant que le volume moyen échangé en journée est de 2 millions, c'est 8 fois supérieur à la normale. Les titres perdent en moyenne 30 % de leur valeur.

Au mois de novembre, le président Hoover intervient politiquement pour éviter la déflation. Il affirmera alors que la crise est sans danger et éphémère. Mais les conséquences de ce krach boursier sont catastrophiques, et le Dow Jones a déjà perdu presque 50 % de sa valeur.

---

[7] Le margin call ou « Appel de marge » constitue l'obligation de liquider une position lorsque les pertes ont atteint un seuil maximum défini au préalable.

La Grande Dépression

Un Américain sur quatre est désormais au chômage aux États-Unis, contre 3,1 % avant la crise. On passe de 4 millions de sans-emplois, en 1930, à 8 millions l'année suivante. Puis 12 millions, et enfin 15 millions en 1933. De la même manière, le pire scénario est réservé aux ouvriers qui, par peur du licenciement, vont accepter toutes sortes de restrictions : diminution du salaire, réduction de leurs droits. Plusieurs livres historiques racontent en détail les conditions de vie durant cette période, notamment *Les Raisins de la Colère* de John Steinbeck.

Le quart des banques fera faillite en 2 ans. Celles qui survivent seront les plus sévères avec leurs clients, c'est-à-dire expulsions, clôture des comptes, vente de tous les biens. Du côté des entreprises, 76 000 font faillite alors que le pays produit 45 % du PIB mondial. Henry Ford licenciera plus des trois quarts de son personnel.

Entre 1929 et 1932, le Dow Jones sera presque divisé par 10, passant de 386 points à 40. Il toucha ce point bas début juillet 1932.

La baisse des cours qui se produit aux États-Unis fut terrible. La jeune banque Goldman Sachs passera de 104 $ l'action à 1,7 $, soit une baisse du cours de plus de 99 %. Même Winston Churchill, futur Premier ministre britannique, perdra près de 500 000 $ en spéculations malheureuses.

Pour beaucoup, la crise serait due à une surproduction vaguement relayée, ébruitée sur les places de marché. Mais la réalité est bien plus grave. Parmi les causes imputables aux investisseurs, nous pouvons souligner que la majorité ignorait les raisons qui ont fait cette croissance jusqu'en 1929 ; et donc par la même occasion les symptômes naissants de récession du pays.

Des signes avant-coureurs existaient pourtant déjà.

De 1925 à 1929, l'augmentation des cours de bourse a dépassé les 300 %. De l'autre côté, la majorité des secteurs comme l'immobilier sont au ralenti et freinés par une baisse de la demande réelle. De tels changements économiques qui ne touchaient donc que le secteur boursier. **La « surconfiance »** des actionnaires, notamment en termes de production industrielle et ventes réelles, va causer la plus grosse perte sur les marchés boursiers. Cet aveuglement, dû notamment à leurs profits constants, ne leur fera même pas réaliser que les capitaux étrangers (européens) s'étaient déjà délités, suite aux péripéties de ces autres économies.

Mais le plus étonnant est que les actionnaires n'ont même pas réalisé l'ampleur de la baisse de la production industrielle de leur propre pays, qui s'établissait tout de même à 7 % depuis le mois de mai 1929. Depuis quasiment un an en réalité, la majorité des secteurs tournaient au ralenti. La spéculation boursière, alimentée par les crédits faciles des banques, est progressivement devenue un El-

dorado pour les investisseurs confrontés à un tassement des profits, dans les autres secteurs de la consommation. Le décalage s'est alors creusé entre l'envolée des cours boursiers et la production réelle.
Tout le monde continuait d'investir et personne ne finançait l'économie réelle.
Les agriculteurs, quant à eux, ne pouvaient plus subvenir à leurs besoins après les mauvaises récoltes subies de 1929 à 1932. D'autre part, une majorité d'entre eux se retrouvent massivement endettés à cause des crédits accordés beaucoup plus facilement. Par conséquent, faisant face à une baisse drastique des prix agricoles, la majorité vont être contraints de contracter de nouveaux emprunts pour rembourser les précédents. Un cercle vicieux donc, qui conduira les banques à saisir les terres de ceux qui ne peuvent plus payer, poussant ces agriculteurs à émigrer vers l'Ouest, encore non peuplé et vu comme un Eldorado à l'époque.
En somme, tous les secteurs vitaux sont devenus des victimes collatérales des banques et des investisseurs institutionnels. Plus qu'une correction : la paupérisation du peuple américain devient une réalité impossible à nier.
Pour sauver le pays de cette crise, deux élus républicains mettront en place en 1930 le Hawley-Smoot Tariff Act, de leurs noms respectifs. Cette loi protectionniste avait pour but de taxer jusqu'à hauteur de 52 % tout ce qui n'était pas produit par des Américains. Évidemment, si la première puissance économique du monde impose des droits de douane si durs, de nombreux pays suivront cette initiative. À la suite de toutes ces actions, le commerce mondial déclina de près de 66 %, aggravant un peu plus la Grande Dépression américaine.
La crise économique devient alors une crise mondiale, entraînant une forte récession dans les pays ayant contracté

des prêts américains. Sa puissance sera telle qu'elle mettra un terme à l'étalon-or, référence monétaire depuis des décennies. C'est d'ailleurs ce qui poussera la création des accords de Bretton Woods quelques années plus tard.
En Europe, les pays foudroyés à leur tour seront confrontés à un chômage de masse peu de temps après. La France passera par exemple de 400 000 chômeurs en 1933 à 1 200 000 l'année suivante. Par la même occasion, des mises en place de politiques restrictives verront le jour, comme pour l'Angleterre qui fera face à une dévaluation de la livre sterling. Une première tentative pour redresser l'économie américaine s'amorça avec le New Deal de Roosevelt et en particulier avec le « *National Industrial Recovery Act* » de 1933, mais une rechute se produit peu de temps après. Ce n'est que lorsque les États-Unis entreront dans la Seconde Guerre mondiale, à la fin de l'année 1941, que le pays sortira enfin de la Grande Dépression.

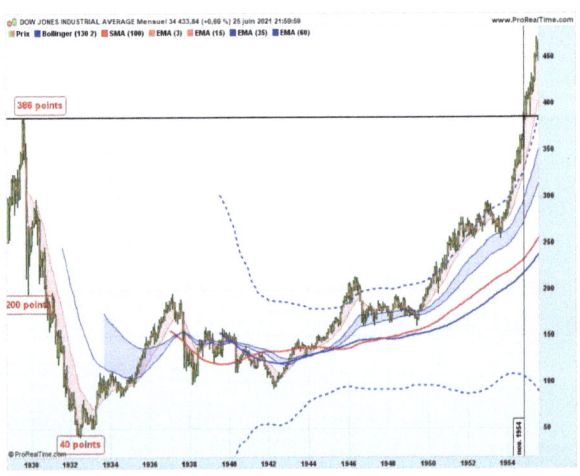

Il faudra plus de 25 ans et une guerre mondiale pour que le Dow Jones retrouve en novembre 1954 son sommet de 1929 !

En conclusion, les banques ont une fois de plus été attirées par l'appât du gain. À vouloir offrir à tout le monde la possibilité d'investir, elles se sont retrouvées à créer la plus grosse bulle spéculative du XXe siècle. Vous pourriez même y trouver de nombreuses similarités avec aujourd'hui. La seule différence étant que de nos jours, les institutions comme la FED ont une part plus qu'importante dans le fonctionnement de l'économie mondiale. Primordiale, je dirais. Le marché est beaucoup plus régulé, notamment pour éviter ce type de panique généralisée. Mais la politique de crédit facile est la même, toujours présente, et les plans de relance se font à coup de milliards à la suite du Covid-19. Sans cet appui majeur de la BCE et de la FED, les conséquences auraient pu être similaires à la période 1929/1932. Alors, le soutien de l'économie ne ferait-il que retarder l'échéance ?

3 – La bulle des Dotcom de 2000

Continuons notre périple en faisant un bond dans le temps
Nous voici désormais dans un nouveau millénaire. L'an 2000 ! De la Théorie de la panne générale jusqu'à des sectes d'illuminés croyant à la fin des temps, cette année marquera les esprits de toute part. Le futur nous tendait les bras et ce ne sont pas les investisseurs qui nous contrediront une fois de plus.
À cette période, la France est encore au sommet de la technologie. Vingt ans plus tôt, elle avait déjà introduit le Minitel. C'est une sorte de terminal informatique qui fournit des services gratuits ou payants à des informations télématiques[8]. Il fut le premier produit « connecté » mondial, et le précurseur d'Internet. Mais les hommes se sont historiquement intéressés aux machines de type calculatrices et mécaniques depuis la Seconde Guerre mondiale, notamment avec l'ENIAC. De la recherche de nouvelles technologies à la commercialisation des premiers produits informatiques, notre histoire nous plongera dans un monde que nous avons vu grandir, et que nous vivons encore aujourd'hui. Cette crise, liée à l'engouement d'Internet et des noms de domaines, causera la ruine de nombreux investisseurs avides de nouvelles technologies. En effet, il ne fallut qu'un demi-siècle à l'ordinateur pour s'imposer rapidement comme l'outil du futur, la machine de demain.
À travers ce nouveau récit, nous essayerons de comprendre les raisons de l'apparition de la Bulle Internet et comment cette crise des DotCom impactera le monde moderne.

---

[8] Ce qui désigne l'ensemble des techniques pour combiner l'informatique avec les moyens de télécommunication.

L'invention de l'ordinateur

Tout commence dans les années 1950, aux prémices de l'ère du numérique. En continuant les recherches militaires des modèles allemands Z3, Z4 ou encore en inventant son 1er modèle de calculateur nommé Harvard Mark I, IBM s'impose incontestablement sur le secteur électromécanique.

La société IBM (International Business Machines Corporation), surnommée aussi *Big Blue,* lance en 1954 le modèle 650, capable de résoudre des calculs mathématiques et scientifiques complexes. Une révolution pour l'époque.

La taille, le poids et le prix (500 000 dollars) de ce *computer*[9] ne sont en rien proches des ordinateurs d'aujourd'hui. Cette discipline était réservée aux scientifiques, ingénieurs et militaires, car la recherche et la découverte de ces algorithmes demandaient d'importantes connaissances sur le sujet.

Trois ans plus tard, IBM lance le premier langage de programmation de l'Histoire : FORTRAN, puis introduit le disque dur à la même époque. Chaque nouvelle invention de la société américaine fait l'effet d'une bombe et transporte toute une génération dans le monde de l'informatique. Bien sûr, d'autres entreprises tentent de concurrencer IBM, mais sa maîtrise et son avance considérable sur les services télématiques lui permettent de s'imposer comme multinationale. Elle devient même la première capitalisation boursière du monde dans les années 70 et 80. Un succès mérité, notamment pour son écoute et son adaptation aux besoins des consommateurs, avec la mise en place entre autres du calcul distribué, du système

---

[9] Le mot « ordinateur » ne sera inventé qu'en 1955 par Jacques Perret, car le président d'IBM France souhaitait franciser ce mot pour se démarquer des Américains.

d'exploitation, de la micro-informatique avec le Personal Computer (ordinateur personnel, dit PC).

À partir des années 1980, IBM fait face à une concurrence plus coriace, l'IBM PC est talonné par le Macintosh d'Apple. Tous deux démocratisent le Personal Computer et rendent l'ordinateur plus familier au grand public. Cependant, l'ordinateur reste un secteur encore réservé aux intellectuels de l'informatique. L'accessibilité des machines est encore beaucoup trop limitée par la nécessité de savoir coder. De ce fait, utiliser Internet n'intéressait que très peu d'individus. Ce n'est qu'avec l'apparition de Mosaic que la popularité d'Internet change. NCSA[10] Mosaic est un navigateur créé en 1992 et permettant de faire apparaître des sites avec du texte et des images (GIF et XBM). Il devient rapidement compatible avec la plupart des ordinateurs, à tel point que les gens disaient un site Mosaic au lieu de site web. Par ailleurs, il va rendre le World Wide Web (www.) populaire. Grâce à son accessibilité et sa facilité d'utilisation, Mosaic a ouvert une porte vers le monde du numérique. Après la belle réussite du NCSA et de son navigateur, beaucoup de monde souhaitait créer son propre site Internet. L'euphorie gagne la population, et la réelle explosion d'Internet intervient en 1995 avec l'arrivée de Netscape Navigator.

L'explosion d'Internet

Dès 1994, la majorité des membres de NCSA ayant créé Mosaic partent pour rejoindre Netscape Communications Corporation. À la sortie du navigateur Netscape, le déclin de Mosaic débute. Le jeune navigateur, tel Christophe Colomb, fait découvrir le Nouveau Monde du

---

[10] Le National Center for Supercomputing Applications est un centre de recherche et d'exploitation des superordinateurs situé aux États-Unis.

numérique à toute la Terre. Au bout d'un an, plus de 90 % des internautes naviguent sur Netscape. Et par la même occasion, le nombre d'entreprises créées sur le web se multiplie considérablement. Internet révolutionne alors le monde et l'économie. En tout cas, c'est ce que pensent tous les investisseurs à ce moment-là...
Désormais, tout le monde veut investir dans un projet numérique. Chaque entreprise souhaitant se développer rapidement et attirer des investisseurs n'avait qu'à rajouter un Dotcom (.com) à son nom. Par exemple Boo.com, un site de ventes de vêtements en ligne, va attirer de nombreux investisseurs en se positionnant comme une révolution du commerce en ligne. Il fera sa campagne pour s'introduire en Bourse en gardant le .com, et par sa notoriété arrivera à séduire Bernard Arnault (LVMH) et son fonds d'investissement, mais également des banques américaines telles que J&P Morgan et Goldman Sachs. Le montant de la levée de fonds de Boo.com dépasse les 120 millions de dollars et sa valorisation atteint 400 millions de dollars en quelques jours.
En fait, les investisseurs recherchaient tellement la grande entreprise, le nouvel Amazon ou Microsoft, qu'ils ne faisaient plus attention au projet en lui-même. Peu importe son nom, son logo, son produit. Du moment que le projet est finançable, des actionnaires arrivent pour investir en espérant de juteux profits. Ces entreprises Dotcom, pouvant être composées d'un simple étudiant avec un ordinateur, vont simplement lancer leur IPO[11] en espérant avoir la visibilité nécessaire pour attirer des capitaux. Elles peuvent ainsi rentrer sur le marché sans produit fini, sans clients, ni même de business model pour espérer être rentables un jour. Leur seul but étant d'espérer devenir profitables par la valorisation de leurs actions.

---

[11] Une Initial Product Offering ou IPO est une introduction en bourse.

Les investisseurs, eux, ne font plus du tout attention aux critères habituels comme la profitabilité d'une entreprise. Depuis Netscape, l'euphorie a gagné tous les acteurs financiers. En effet, lors de sa première journée en Bourse en 1996, la valeur de la société grimpa de 28 dollars à 75 dollars. Un profit immédiat qui renforça l'euphorie des sociétés numériques. De l'autre côté, les faibles taux directeurs de la FED encourageaient les investissements des petits épargnants. Désormais, les Américains vont investir en masse dans cette Bulle des Dotcom, dans le but de doubler, voire tripler leur investissement en une seule journée.

Pour se démarquer, certaines entreprises vont même investir massivement dans la publicité, quitte à faire des pertes. Pets.com, par exemple, diffusa 7 campagnes publicitaires pour un montant de 11,8 millions de dollars pendant le Superbowl américain alors que son chiffre d'affaires ne dépassait pas 600 000 dollars.

Cet engouement atteint également la Bourse de New York. L'indice du Nasdaq 100, représentant les 100 fleurons de la technologie américaine (tels qu'Intel, Microsoft ou encore Yahoo), dépasse les 4 000 points dès 1999. Le Nasdaq Composite[12] déborde quant à lui le niveau mythique des 5 000 points à partir du 10 mars 2000, alors qu'il était à moins de 1 000 points en 1995. La bulle Internet est alors à son plus haut et l'euphorie pour les Dotcom semble inarrêtable.

L'éclatement de la bulle Internet

Le 13 mars 2000, seulement 3 jours après le record du Nasdaq, celui-ci réalise la 4ᵉ plus grosse chute de son his-

---

[12] Le Nasdaq composite est un indice boursier mesurant la performance de la totalité des entreprises technologiques listées sur le Nasdaq Stock Exchange. Ce sont plus de 3 000 valeurs qui y sont cotées.

toire, entraînant une panique sur les marchés. En quelques jours, le Nasdaq Composite abandonne 13,26 %.

La même journée, le Japon, deuxième puissance économique mondiale, annonce officiellement entrer en récession. La politique du *carry trade*[13] crée un séisme dans l'économie asiatique et se répand aux nations dont les entreprises dépendent des exportations technologiques. Une situation empirique qui condamne la banque centrale américaine à rehausser les taux d'intérêt, amenant à son tour une baisse des achats technologiques. La crainte d'un ralentissement de la demande réelle du Japon venait de freiner l'euphorie générale. De plus, la rumeur se répand que les actions de l'indice Nasdaq seraient en réalité surévaluées. En achetant ces actions,

---

[13] Le carry trade consiste à exploiter les écarts de rendement entre différentes devises. Ce système développa rapidement l'économie japonaise et causera une gigantesque bulle immobilière.

les investisseurs payaient en réalité plus de 200 fois les bénéfices réels des sociétés de l'indice Nasdaq. À cet instant, la bulle venait d'éclater.

La correction s'amorce et les investisseurs se mettent alors à vendre massivement leurs actifs Dotcom. Le 4 avril 2000, Microsoft perd un procès historique sur son monopole, plongeant définitivement le Nasdaq 100 dans un krach boursier. De nombreuses petites *start-ups* s'effondrent dans la foulée et des milliards de dollars partent en fumée. La chute du Nasdaq effraye les investisseurs du monde entier.

De jeunes sociétés comme Amazon perdent jusqu'à 90 % de leur valeur, passant de 100 dollars à moins de 7 dollars l'action. À la fin de l'année 2000, la majorité des Dotcom ont perdu 75 % de leur valorisation en 6 mois. Puis, en mars 2001, les États-Unis annoncent à leur tour être entrés en récession. Au creux du krach boursier, le 9 octobre 2002, le Nasdaq Composite est retombé à 1 108 points, soit une baisse de plus de 78 % depuis son pic de 2000.

Cette période boursière entraînera dans son sillage de grandes sociétés comme Enron, qui avaient fourni des analyses comptables truquées avec surendettement. L'éclatement de la bulle Internet met en lumière les multiples fraudes commises par les Dotcom, mais aussi par les sociétés américaines déjà présentes sur le marché. La France subira ainsi la bulle Internet, notamment avec le scandale des télécoms avec Vivendi et AOL. Le CAC40 tombe à 2 401,15 points en 2003, perdant les deux tiers de sa capitalisation depuis son record historique de 6 944 points le 4 septembre 2000.

Pour relancer l'économie, le président américain Bush tente en 2003 de monter de toutes pièces une guerre contre l'Irak. Comme lors de notre précédente histoire, les États-Unis amorcent leur sortie de crise en allant faire la guerre, pour redonner une productivité au pays. Les marchés n'ont commencé à remonter que lors de son annonce officielle, sur un porte-avion, que la guerre avait été gagnée. Bien que la vérité puisse être tout autre, cette action a permis de redonner la confiance nécessaire aux institutions financières pour investir en masse sur les marchés américains. *Nous pouvons implicitement observer les limites des mercuriens une fois de plus.*

Pour retracer la création de cette bulle spéculative, il faut remonter à la période où les lois post-krach de 1929 furent abolies. En effet, la déréglementation des marchés boursiers, encouragée par le gouvernement américain de Reagan pendant les années 80, a amené l'instauration d'une bulle technologique. La FED, quant à elle, aura laissé aux sociétés Dotcom une trop grande liberté pour s'implanter facilement sur les marchés. Le défaut de règlementation a permis des profits éclairs, entraînant ainsi l'euphorie des investisseurs. Pour la première fois dans l'Histoire, des transactions de plusieurs millions de dollars pouvaient se faire en virtuel avec un ordinateur, en quelques secondes. Les banques, elles, préfèrent prêter de l'argent aux Américains plutôt que de freiner leur envie de parier toute leur épargne.

En 2004, plus de la moitié des Dotcoms créées pendant la bulle Internet a fait faillite. L'autre moitié essayait seulement de survivre. Netscape.com, le navigateur qui a popularisé Internet, fait progressivement faillite après l'entrée sur le marché d'Internet Explorer de Microsoft. Ce nouveau navigateur atteint plus de 95 % de parts de marché en 2002. Le Nasdaq, quant à lui, mettra finalement 15 ans pour revenir à son plus haut niveau historique.

En conclusion, les investisseurs mais également les institutions financières font face pour la première fois à l'euphorie des nouvelles technologies et de l'informatique. De la destruction de grandes entreprises à la prise de pouvoir de jeunes pousses telles qu'Amazon ou Microsoft, cette période nous rapproche un peu plus des crises numériques modernes vécues à notre époque.

Dorénavant, la confiance vis-à-vis d'Internet avait été rompue. Les banques et les financiers cherchent alors un nouveau secteur refuge pour faire d'importants bénéfices. Les liquidités placées sur des actions de sociétés sont alors redirigées vers des valeurs *plus sûres et plus rémunératrices*. Robert Shiller, futur prix Nobel d'économie, insistera lui-même sur la rapidité irrationnelle avec laquelle les capitaux du marché boursier ont migré vers le secteur immobilier. « Une fois que les actions ont baissé, l'immobilier est devenu le principal exutoire pour la frénésie spéculatrice que le marché boursier a libérée. »

Intimement liée, la crise immobilière des Subprimes prend naissance sur les cendres du Krach des Dotcom.

4 – La crise des « Subprimes » 2008

Voici ce qui nous amène à la création de la plus grosse crise du XXIe siècle, directement liée à la précédente, et qui pour celle-ci fera perdre la confiance des investisseurs dans les banques traditionnelles.

En effet, le marché immobilier américain se retrouva rapidement le refuge de tous les spéculateurs institutionnels à la recherche de nouveaux profits. La FED, de son côté, encourageait de nouveau à octroyer des crédits pour relancer l'économie de la première puissance économique du monde.

C'est ainsi que les banques américaines vont pouvoir accorder des prêts à surprime, aussi communément appelés les « subprimes ». Cette aide de la Réserve fédérale va bénéficier à des milliers de foyers modestes en quête de devenir propriétaires.

De la création de nouvelles dettes sur des actifs à haut risque à la recherche frénétique de toujours plus de bénéfices, les banques vont dévoiler au grand jour leurs ultimes combines pour tromper les épargnants les plus faibles. L'impact de cette crise mondiale se fera encore ressentir deux décennies plus tard, à notre époque, aux prémices de nouveaux krachs toujours plus proches et connectés les uns aux autres. Dans ce nouveau récit, nous essayerons de comprendre comment la crise des subprimes aura impacté le commerce mondial, et les conséquences qui en résulteront sur les acteurs financiers.

Le marché de l'immobilier, nouvel Eldorado

Dès 2001, la FED applique des taux d'intérêt de 1 % pour relancer les emprunts bancaires à la suite de la crise des Dotcom. Les faibles taux permettent aux ménages américains de s'endetter facilement. D'autre part, il leur est désormais possible de pouvoir recharger leurs crédits, c'est-à-dire de faire un nouvel emprunt en fonction de la progression de la valeur de leur patrimoine. Cela pousse directement les foyers modestes à devenir propriétaires d'un bien immobilier. En effet, le marché immobilier était devenu le nouvel Eldorado des placements financiers depuis la chute des valeurs boursières.

Les banques, quant à elles, mettent en place des crédits hypothécaires à haut risque dans le but de faire d'importants bénéfices. Les types de crédits les plus courants sont les crédits *prime*[14] qui sont généralement accordés aux prêteurs les plus fiables. Ces crédits apportent de faibles rendements, mais ils présentent un très faible risque pour les banquiers. À l'inverse, le crédit *subprime* possède d'importants risques pour les prêteurs en cas de non-remboursement, mais rapporte de bien meilleurs bénéfices, car il permet d'appliquer des taux plus élevés à ses clients.

Pour classifier les individus, les banques traditionnelles américaines se servent à cette époque des agences de notation privées, à caractère socioprofessionnel. C'est-à-dire que chaque citoyen américain possédait tout au long de sa vie un score relatif à son crédit. Il permettait aux banquiers de décider si un individu pouvait ou non rembourser potentiellement ses crédits ou bien se retrouver à découvert.

Ce score, pouvant varier entre 300 et 850, analyse les évènements vécus dans une vie tels que le chômage, le mariage ou si la personne a déjà été à découvert.

---

[14] Le prime lending rate ou crédit prime désigne un crédit hypothécaire de qualité supérieure.

Ainsi, les Américains ayant un score supérieur à 700 pouvaient souscrire à un prêt prime, tandis que ceux ayant un score inférieur (≤ 650) optaient généralement pour un prêt subprime. Cette méthode va se démocratiser dans le secteur bancaire et leur permettre de maximiser des bénéfices en fonction de la *fiabilité potentielle* d'un client. Mais pour que les ménages modestes aient confiance en ces prêts subprimes, les banques devaient user d'une petite combine. En effet, pour camoufler ces emprunts à risques, les banques devaient proposer des taux fixes pour les premières années d'emprunt, avant de passer à des taux variables indexés sur les taux directeurs de la FED. Dans de telles circonstances, un défaut de paiement de l'emprunteur devait être plus que compensé par la vente du bien hypothéqué, selon les prêteurs. L'idée régnante au sein de la société américaine étant que les prix de l'immobilier ne pouvaient que grimper.

Par conséquent, le système des subprimes reposait en totalité sur le pari d'une hausse continue des prix de l'immobilier, ce qui était le cas depuis des décennies. De quoi rassurer un peu plus le client. En tout cas en théorie...

En réalité, depuis 2004, la banque centrale américaine avait commencé à relever progressivement les taux directeurs de 1 %, pour atteindre plus de 5 % en 2006. Les ménages américains n'ayant pas vu venir le coup allaient progressivement se faire piéger.

La bulle immobilière

En 2006, l'actuel président de la FED Alan Greenspan cède sa place à Ben Bernanke. Celui-ci décide de frapper fort pour le début de son mandat, et montera les taux directeurs jusqu'à 5,25 % afin de réduire l'inflation grandissante dans le pays. Les foyers modestes, ayant fait des emprunts à un taux proche de 1 % depuis 2002, se retrouvent désormais à rembourser cinq fois plus leurs mensualités. En moins d'un an, près de 3 millions de foyers américains se retrouvent en défaut de paiement, et donc contraints de céder leurs biens immobiliers. Ces maisons seront ensuite remises à des établissements de crédit ou GSE[15] qui les mettront en vente sur le marché. Naturellement, cette hausse de l'offre, et des taux directeurs, font chuter massivement les prix de l'immobilier. La somme prêtée par les banques ne peut leur être remboursée que partiellement. Les petits emprunteurs américains ayant fait faillite...

C'est ainsi que les établissements de crédit eurent à la fois la plus brillante et la pire idée possible : titriser les créances immobilières qui ne valaient rien ou qui ne seraient jamais remboursables.

En réalité, c'est un certain Lewis Ranieri, de chez Salomon Brothers, qui introduit à la fin des années 1970 l'idée de titriser des crédits hypothécaires en paquet pour faire des bénéfices « à faible risque ». En clair, chaque obligation (MBS) regroupe des milliers de crédits d'hypothèques, et si le défaut de paiement dépassait les 15 %, l'obligation ne valait plus rien.

Grâce à la notoriété de ces GSE que sont Fannie Mae et Freddie Mac, des fonds de pension se mettront à racheter ces titres hypothécaires et vont donc aggraver la situation. Des banques, à leur tour (Lehman Brothers, Bear Stearns...), seront trompées par la combine, ne pouvant pas bien estimer la valeur réelle de ces fonds. La bulle était désormais totale, prête à exploser.

---

[15] Les Government-Sponsored Enterprises sont des entités de services financiers créés par le gouvernement américain.

La crise des subprimes

L'explosion de la bulle immobilière se fait ressentir dès le mois de mars 2007. Les ventes nationales de biens immobiliers chutent de 13 % et le prix national baisse quant à lui de 6 %. Les régions où les maisons sont récupérées massivement par les banques voient le prix de l'immobilier chuter localement. En effet, les régions du sud-ouest des États-Unis, et notamment la Californie, font face à des taux très élevés de saisies et donc à une baisse de confiance pour les futurs emprunteurs.

D'autre part, l'explosion de la bulle a eu un impact direct sur le marché hypothécaire américain. Fannie Mae et Freddie Mac étaient couverts de dettes suite à leur rachat de crédits subprimes insolvables. En mars 2007, leur dette globale est estimée à 5 200 milliards de dollars. Fannie Mae en particulier jouit d'une position privilégiée car garantie par l'État. Avant même le début de la bulle des subprimes, l'administration de l'ancien président Clinton aura fabriqué son développement avec un programme d'aide à l'achat dans le secteur immobilier. Sa position de GSE avec Freddie Mac lui permet de rester toute-puissante dans le marché hypothécaire : *too big to fail*[16]. Elles sont donc systématiquement renflouées.

À cette même période, les agences de notation possèdent aussi un statut très dangereux. Les « Big Three » qui sont Standard & Poor's, Moody's et Fitch représentent les trois agences de notation les plus influentes du pays avec plus de 94 % du marché de la profession. Étant financées par les banques souhaitant être évaluées, elles ont ainsi un rôle de juge de qualité en plus de leur fonction à travers les accords de Bâle II en 2004. Cette influence poussera des banques telles que Bear Stearns à racheter

---

[16] Définit les institutions financières ou les banques systémiques dont la faillite serait dévastatrice pour le pays.

ces titres subprimes alors « pourries » (*junk bonds*). Comme évoqué, le système de titrisation de ces créances se faisait en groupant des subprimes à d'autres de différentes régions des États-Unis. Ces titres appelés Asset-Backed Securities (ABS) étaient théoriquement censés minimiser les risques en diversifiant la provenance des subprimes. En réalité, les agences de notation surnotaient en AAA des titres qui n'étaient pas remboursables au départ par les banques, ayant une note réelle de B ou BB. Celles-ci s'en étaient séparées pour transférer le risque du crédit. Après leurs rachats, les prêts pouvaient ainsi disparaître du bilan des banques. Les types d'ABS les plus répandus pendant cette crise étaient les Collateralized Debt Obligation (CDO).

Pour bien comprendre l'étendue de la fraude, ces agences de notation ne refusaient jamais la note AAA de la part des grosses banques, sinon elles allaient chez la concurrence. Les Big Three ont ainsi « courbé l'échine » devant chaque banque souhaitant une bonne note, pour garder leur clientèle et maintenir leurs profits. Par conséquent, un CDO était donc un regroupement d'obligations notées B, BB et BBB, transformées en la note maximale AAA. Pour l'année 2006-2007, un CDO noté AAA pouvait avoir jusqu'à 90 % de subprimes.

À l'été 2007, les nouveaux taux variables entrent en vigueur et les défauts de paiement décollent. En parallèle, le secteur de la construction et les emplois dans la filière sont au ralenti en raison de la méfiance qui s'était installée. La crise des subprimes se transforme alors en crise financière.

Crise économique

L'insolvabilité des emprunteurs et la chute constante des prix de l'immobilier amènent la faillite du système des prêts hypothécaires. En juin 2007, la banque Bearn Stearns annonce que deux de ses hedge funds essuient une perte de presque 4 milliards de dollars. La panique venait de gagner Wall Street. Les financiers de tout le pays se sont alors rendu compte que tout le système bancaire, par le biais de hedge funds ou par les banques, possédait des créances « pourries » jusque dans les SICAV[17] monétaires. En mars 2008, l'action Bearn Stearns chutera de plus de 80 %. La Fed interviendra le 14 mars pour refinancer la banque ; cependant, elle était déjà ruinée. Le 16 mars, JPMorgan Chase fait l'acquisition de Bearn Stearns pour un montant de 2 $ l'action, alors qu'elle valait 130 $ en octobre 2007.

En avril, un rapport du FMI prédit déjà une perte totale de plus de 900 milliards de dollars juste pour les banques, qui sera réévaluée six mois plus tard à 1 500 milliards de dollars.

Au dernier trimestre de 2008, la crise financière continuait de s'accroître. En effet, Lehman Brothers, banque mondialement connue, fait faillite le 15 septembre 2008. Sa capitalisation boursière chutera de près de 80 %. Malgré les efforts de Bernanke, président de la Fed, pour retrouver un acheteur, aucune ne pouvait sauver Lehman Brothers, pas même la Bank of America qui venait de racheter Merrill Lynch. Ce n'est qu'après une enquête de la justice américaine que le monde apprit que la célèbre banque masquait ses dettes depuis 2007. Cette chute médiatisée entraîna une crise financière mondiale, obligeant des banques étrangères contaminées par les subprimes à racheter les titres « pourris » pour limiter leurs pertes.

---

[17] Placements financiers réputés pour leur très faible risque, avec une croissance régulière.

Du côté des GSE, Fannie Mae entre en faillite en juillet et la FED intervient pour sauver ce qui peut encore l'être. Au mois de septembre, les deux GSE, avant de devoir publiquement déposer leur bilan, sont mises sous tutelle par la Federal Housing Finance Agency (FHFA) spécialement créée pour elles par le gouvernement américain.

En Europe également, de nombreuses banques contaminées par les subprimes se voient nationalisées pour limiter le chaos. De la France au Japon, en passant par l'Allemagne, les cours boursiers chutent de moitié avant la fin de 2008. Des pays comme l'Islande ou la Grèce subissent une crise de grande ampleur, amenant récession et cessation de paiement dans tout le pays. En France, la crise financière permet à des banques comme la BNP Paribas de racheter des banques belges et luxembourgeoises, notamment grâce aux législations accommodantes de l'Union européenne.

Les dérives de la crise des subprimes

Lors de la première décennie, un marché dérivé plus dangereux que tous les autres s'est développé. Les deux types les plus importants pendant la crise des subprimes furent les produits « vanilles » et « exotiques ». Ces dérivés de crédit permettaient de fusionner des produits divers dont leur seul point commun était le risque de non-remboursement de l'emprunteur. Les produits vanilles sont les plus standards et moins complexes via les Credit Default Swap (CDS). Les produits exotiques, eux, sont issus de la titrisation via notamment des CDO synthétiques. Les CDS sont un dérivé du marché hypothécaire, permettant entre deux parties de parier sur un risque de défaut sur une entité financière : parier à la hausse ou à la baisse (*long* ou *short*). Ce système, beaucoup plus risqué et non régulé pendant la bulle des subprimes, aura totalement aggravé la diffusion irrationnelle de crédits non remboursables. Pourtant, cela n'a pas freiné les hedge funds et les financiers de parier, avec effet de levier, sur la prospérité du marché immobilier à long terme. De la même manière, une fois persuadées que le marché de l'immobilier ne pouvait que grimper, les banques commencèrent à contracter à leur tour des contrats synthétiques (CDO of CDO). À la recherche de toujours plus de profits, elles pariaient des centaines de milliards sur des positions « non risquées » selon elles. Cette avidité amena le marché des assurances hypothécaires jusqu'à 20 fois plus gros que le marché hypothécaire lui-même. À la fin de l'année 2007, il représentait près de 58 000 milliards de dollars.

Lors de la chute du marché hypothécaire, les banques usant de ces stratagèmes complexes ont continué de transférer le risque de crédit des actifs. Ainsi, les contrats d'assurance sur les crédits ne chutaient pas alors que la valeur réelle des produits subprimes ne valait plus rien. Face à leurs paris ratés, les banques, refusant d'accepter leur défaite, venaient donc de tuer le capitalisme. C'est un peu le même principe qu'une bombe à retardement : tant que les dérivés de crédits s'échangeaient, ils n'explosaient pas.

En conclusion, malgré un plan de relance de plusieurs centaines de milliards par le gouvernement américain puis la BCE, la cupidité des institutions financières venait de rafler toute confiance placée en elles. Le rapport du FMI, réévalué en 2010, annoncera une perte d'au moins 8 700 milliards de dollars. Du côté des ménages, 8 millions de citoyens auront perdu leur emploi, et plus de 6 millions perdront leur maison. Et tout ça juste aux États-Unis. Les fonds de retraite et les valeurs immobilières feront des pertes de plus de 5 000 milliards de dollars, touchant principalement les épargnants et leurs retraites financées toute leur vie. Au-delà de l'incompréhension, c'est surtout le système frauduleux mis en place pendant des années, et prospérant paisiblement, qui indigna le monde à cette époque. Des agences de notation aux fonds de pension, en passant par les banquiers, chaque acteur aura trompé l'économie mondiale. Et, une fois encore, ce sont les plus faibles qui payent les pots cassés.

Aujourd'hui encore, des banques continuent de vendre de nouvelles formes complexes de CDO : Bespoke Tranche Opportunity (BTO). Malgré les règlementations et les restrictions, il semblerait que personne n'ait tiré des enseignements de cette crise. Pas même le gouvernement américain. Laissant présager le pire.

La crise des « Subprimes » aura laissé de profonds stigmates sur l'indice des 30 valeurs industrielles (Dow Jones) : entre 2007 et 2009, l'indice a perdu près de 54 % de sa valeur.

5 – Le krach du Bitcoin de 2017

En réponse à cette crise financière mondiale de 2008, beaucoup se sont mis à chercher un moyen de s'émanciper du système bancaire. Ne plus revivre ce chaos et ne plus être dépendant des banques et de leurs tromperies en cas de crise. Cette confiance perdue par les acteurs traditionnels devait être retrouvée par un nouveau système financier capable de servir de nouveau refuge pour les capitaux. C'est ainsi qu'un homme ou un groupe d'individus inventa la première monnaie numérique et décentralisée de l'Histoire : le Bitcoin. Une monnaie cryptographique capable de générer un lien de confiance entre les clients sans passer par des banques centralisées. Sous le pseudonyme de Satoshi Nakamoto, ce groupe d'individus amena le monde un peu plus rapidement dans le futur du numérique.

Quelle révolution aura permis cela ? Bien que prévisible depuis des années par les utilisateurs d'Internet, l'exploitation d'un nouveau langage numérique nous a fait accéder à ce que je nommerais la quintessence du capitalisme : la cryptomonnaie. En d'autres termes, la spéculation outrancière de monnaies virtuelles capables d'être créées par n'importe quel individu, même un adolescent. Et reposant sur des projets vides, sans but si ce n'est l'espérance d'attirer des capitaux une fois sur le marché boursier.

De cette création de monnaies virtuelles à l'aboutissement de la technologie de la Blockchain, quintessence de l'écriture devenue numérique et cryptée, cet ultime récit nous conduira à une toute nouvelle forme de bulle et de krach monétaire. Reliant notre époque actuelle, les acteurs de cette bulle financière ne furent plus les banquiers pendant un bref moment mais les investisseurs et les geeks de l'informatique. En tout cas, le temps d'un instant...

Dans ce dernier récit, nous allons essayer de comprendre comment les cryptomonnaies peuvent constituer le futur de la finance et les raisons les amenant à ces krachs à répétition. Puis nous aboutirons nos récits en observant l'étrange similarité entre tous ces krachs énoncés. Nous observerons ainsi la continuité de toutes ces crises modernes appartenant toutes à une seule et même bulle. Est-ce la bulle du numérique ? Ou bien une tout autre forme de bulle spéculative préexistante depuis de nombreux siècles ?

Origine de la cryptomonnaie et du Bitcoin

Le Bitcoin est donc une cryptomonnaie, ou monnaie virtuelle, s'utilisant sur un réseau informatique décentralisé. Son apparition sur Internet se fait le 1er novembre 2008 avec une note de Satoshi Nakamoto présentant une monnaie électronique avec un système de paiement de particulier à particulier (*peer to peer*). Son premier Bloc créateur ou « Bloc Genesis » fut créé le 3 janvier 2009 à 18 h 15, générant les 50 premiers Bitcoins de l'Histoire.

Mais la particularité du Bitcoin n'est pas seulement qu'elle soit la monnaie digitale pionnière. Si les investisseurs comparaient l'arrivée d'Internet à une nouvelle évolution industrielle, alors la suivante fut bel et bien l'arrivée de la Blockchain.

La Blockchain, ou chaîne de blocs en français, représente le livre de comptes numériques qui regroupe toutes les transactions effectuées en Bitcoin, et ce depuis sa création. À la différence du système financier actuel, il est consultable par tous et à n'importe quel moment de votre vie depuis la création du premier bloc. Grâce à ce processus, vous pouvez ainsi suivre à qui ont appartenu des

Bitcoins précisément depuis leur fabrication. Vous pouvez également voir en temps réel qui a transféré cette monnaie et le montant exact jusqu'à en voir le destinataire. En comparaison, lorsque vous effectuez une transaction, c'est la banque, en tant qu'agent tiers, qui va contrôler que vous ayez les fonds nécessaires pour réaliser à bien cette transaction. Avec la Blockchain, ce sont les individus qui en réalisent le contrôle, à travers la résolution d'un calcul chiffré complexe appelé le minage. Ces « mineurs » garantissent l'intégrité du système. Cela peut être vous, moi, ou n'importe quel individu capable de lancer le minage sur un ordinateur. Par conséquent, le banquier ne sert plus de gage de confiance, c'est la puissance de calcul des machines qui définit désormais cette confiance. Chaque nouveau bloc résolu conjointement par les différents « mineurs » se greffe à cette Blockchain. Ainsi, elle tient son nom de blocs en chaîne.
Cette technologie révolutionnaire permet donc d'éliminer les intermédiaires et les opérateurs de confiance, et repose uniquement sur la résolution de cet algorithme numérique. On nommera algorithme de hachage les protocoles permettant de résoudre les calculs de la Blockchain. Le protocole le plus récent et performant est le protocole de SHA-256 de la famille des SHA (Secure Hash Algorithm) inventé par la NSA. Cette technique de chiffrement des données produit une signature en 256 bits soit actuellement le plus optimal en fonction de la puissance de calculs des ordinateurs actuels. Sous l'algorithme SHA-256, les calculs sont si complexes que le déchiffrement d'un seul bloc rend impossible pour n'importe quel ordinateur de pirater le système. La transparence que permet la Blockchain via les mineurs rendrait caduque toute tentative, vu que l'auteur d'une attaque serait traçable.

Ensuite, pour intégrer ces nouveaux blocs « minés », il existe deux variantes :

– Le Proof-Of-Work (POW) est le protocole de minage où les mineurs sont en compétition pour valider un bloc. Celui qui trouve le bon hash du bloc gagne. Cela est similaire à un problème de maths où le premier à trouver gagne une récompense. Ici, le vainqueur du minage est récompensé en Bitcoin, ce qui permet de créer de la monnaie supplémentaire dans le marché. C'est par cet unique processus que de la nouvelle monnaie est émise. Son seul défaut est bien entendu l'énergie nécessaire à l'ordinateur pour résoudre le calcul. Le coût de l'électricité plus faible dans certaines régions du monde en fait des lieux attractifs pour les « mineurs ».
– Le Proof-Of-Stake (POS), quant à lui, propose aux mineurs de mettre en jeu une quantité d'argent qui sera restituée lorsque la tâche sera réussie. La récompense des mineurs est ici les frais de transactions effectuées à l'intérieur du bloc. En d'autres termes, si vous achetez une voiture en Bitcoin, les frais de transactions pour payer sont leurs rémunérations. Ici, les mineurs s'entraident au lieu d'être en compétition comme le POW, permettant une meilleure rapidité de résolution. Son défaut actuel est le faible retour d'expérience, étant donné que très peu de monnaies l'utilisaient à cette époque.

Pour stocker les récompenses, les mineurs de Bitcoin utilisent des portefeuilles numériques ou des clés USB hardware tels que Ledger.

L'engouement pour cette technologie révolutionnaire n'intéressa au départ que très peu de monde, surtout les geeks de l'informatique très au courant des dernières innovations. Et encore, parmi eux, beaucoup étaient découragés de miner, car l'ordinateur actuel ne pouvait effectuer que cette tâche et devenait inutilisable en peu de temps.

Quelques jours après sa création, Satoshi Nakamoto effectua le 12 janvier 2009 la première transaction test de 10 Bitcoins (BTC) pour Hal Finney (probablement un des inventeurs de la Blockchain). La transaction est inscrite dans le bloc 170, si vous souhaitez y jeter un œil.

Ce n'est que le 5 octobre que la valeur du Bitcoin fut estimée sur son coût de production autour de 0,001 $. Donnant ainsi un prix de référence à la monnaie.

Sa première utilisation entre individus remonte à la première transaction mythique de Lazlo Hanyecz qui acheta deux pizzas pour 10 000 Bitcoins. La monnaie se fait alors connaître la même année, en 2010, notamment pour son utilisation parmi les blanchisseurs d'argent et les individus achetant illégalement sur le DarkWeb, passant par l'exchange Mt. Gox. C'est grâce à Bitcoinmarket.com, le premier exchange[18] de Bitcoin en dollar, que l'achat de la monnaie virtuelle se démocratise. Au mois d'août 2010, le BTC franchira les 0,06 €, puis les 0,40 € trois mois plus tard.

Le 10 juin 2011, après avoir reçu une attention soudaine des médias, le Bitcoin grimpe subitement, atteignant les 28 €. En 1 an, la valeur de la cryptomonnaie venait de faire plus de 46 600 % de gains. Il retombera progressi-

---

[18] Un exchange est une plateforme d'échange de cryptomonnaies en monnaie fiduciaire, permettant également le trading.

vement les mois suivants, notamment avec le piratage de Mt. Gox, alors première plateforme d'échange au monde. Pendant cette période, le Bitcoin réagissait positivement à la chute de l'or et devenait une nouvelle valeur refuge à la chute des cours boursiers. À l'image de la pierre ou de l'immobilier, la confiance placée en elle la fait devenir petit à petit une monnaie mondiale de référence, en plus d'être numérique et décentralisée.

Le Krach de 2017-2018

Après la forte baisse de décembre 2013, beaucoup d'investisseurs dans le Bitcoin ne se risquaient plus à vouloir faire monter le prix. En effet, après une spéculation massive amenant le cours à plus de 1 000 $, ce n'est que trois ans plus tard, en janvier 2017, que la cryptomonnaie retrouva un tel niveau. Pendant cette période, de nombreux vols de comptes, fraudes et piratages faisaient peur aux plus enthousiastes.

En parallèle, l'essor des Altcoins voyait le jour, mettant la lumière sur de nouveaux acteurs comme le Litecoin sur le marché des cryptomonnaies. Les monnaies dérivées ou Alternative Coins (Altcoins) représentent les nouvelles cryptomonnaies créées par un ou plusieurs individus dans le monde. Théoriquement, n'importe qui peut créer sa propre cryptomonnaie et la mettre sur une plateforme d'échanges pour spéculer dessus. Le Dogecoin, par exemple, tire sa popularité simplement parce que son logo est un chien mignon japonais (Shiba Inu). Il ne lui en fallut pas plus pour attirer des millions de dollars de capitaux. Peu importe son projet et son utilité, les investisseurs spéculaient sur l'engouement d'une nouvelle monnaie utilisant la Blockchain.

En réalité, créer sa propre monnaie avec ses propres règles venait d'ouvrir une boîte de Pandore. Cela permet à quiconque de devenir souverain économiquement, dépassant ainsi d'une facilité sans égale le système bancaire traditionnel existant depuis des siècles. L'engouement que génère cette nouvelle technologie financière entièrement décentralisée en fait un lieu où les investisseurs du monde entier se ruent, un peu ironiquement, comme la ruée vers l'or.

À la fin de l'année 2016, le logiciel de l'équipe Bitcoin Core, supervisant la cryptomonnaie, annonce le déploiement de SegWit. Le *Segregated Witness* est un protocole qui permet une amélioration majeure dans le minage du Bitcoin. Les correctifs apportés par le SegWit représentent la première grande mise à jour du Bitcoin de son histoire. Le but étant de le rendre plus accessible aux nouveaux clients, et d'augmenter la taille des blocs contenant les transactions. En réalité, c'est cette amélioration qui constituera l'un des facteurs spéculatifs de 2017. Mais aussi le krach boursier créé par ses rejetons.

Pour une cryptomonnaie, ce type de modifications se nomme un « fork », ou embranchement. On parle de *soft fork* quand les transformations sont mineures et rétro compatibles. Les mineurs n'ont pas besoin d'être à l'unanimité pour l'adoption du projet ; généralement, la majorité suffit. En revanche, le *hard fork* nécessite la totalité des mineurs. Si un groupe suffisamment important de mineurs maintient l'ancienne version, alors la modification ne pourra pas aboutir et créera un Altcoin. Dans un tel cas de figure, le risque est la perte de confiance des utilisateurs et un effondrement du cours du nouveau comme de l'ancien token.

Mais, au début de l'été, deux projets de hard fork apparaissent pour scinder le Bitcoin en deux. Le premier hard fork donna naissance au Bitcoin Cash (BCH). Le second au Bitcoin Gold. Pour bien comprendre le principe d'un hard fork, si un Altcoin venait à être créé sur le Bitcoin, alors vous auriez un token équivalent créé pour chaque Bitcoin que vous possédiez. En clair, si vous possédiez 100 BTC d'une valeur de 100 000 €, après le hard fork, vous obtenez 100 BCH d'une valeur de 100 000 €. Vous doubliez ainsi votre capital sans toucher à rien.

L'annonce de la création du Bitcoin Cash créa une vague d'euphorie pour les cryptos. Du jamais vu ! La valeur atteint les 3 000 $ quelques jours après l'annonce officielle. Et, le 1er août arriva sur la nouvelle Blockchain du Bitcoin, le Bitcoin Cash. Jusqu'au 1er septembre, la capitalisation globale du marché des cryptomonnaies venait de doubler. Tous les Altcoins, influencés par les fluctuations du Bitcoin, voient leur cours s'envoler. Des tokens de 0,01 $ passent à 0,5 $, voire 1 $. N'importe quel individu ayant investi sur le plus inconnu des Altcoins fait des bénéfices.

Les rumeurs de profits faciles se répandent, et de plus en plus d'investisseurs et de banques traditionnelles s'intéressent aux cryptomonnaies. Dès septembre, le FMI invite les banques à s'intéresser aux monnaies virtuelles et au Bitcoin en particulier. Le 31 octobre, le CME Group[19] annonce son intention de proposer des contrats à terme en Bitcoins. Dans les jours qui suivirent, la monnaie atteignit les 8 000 $. Puis, le 29 novembre, c'est au tour du Nasdaq de faire une annonce officielle. Celle-ci révéla au journal *Wall Street* la volonté de lancer des contrats à terme sur le Bitcoin. Le jour même, la cryptomonnaie franchira les 10 000 $. Deux semaines après, le 16 décembre 2017, le Bitcoin atteindra son record historique à 19 500 $. À ce

---

[19] Chicago Mercantile Exchange est la plus importante bourse d'échange de marché à terme.

moment précis, tout le monde entend parler du Bitcoin. Les médias se mettent à faire l'apologie des cryptomonnaies et même des interviews sur ces nouveaux millionnaires. TF1 fera même le 20 décembre un reportage à la maison du Bitcoin à Paris, où un homme venait raconter à la télévision qu'il avait vendu son livret A et sorti toutes ses économies pour acheter du Bitcoin.

Deux jours plus tard, le 22 décembre, le cours perd 33 % et retombe à 13 000 $ à la suite des restrictions annoncées par la Corée du Sud. L'étonnante flambée des cryptomonnaies en décembre 2017 était en réalité une belle bulle spéculative qui venait d'éclater. En moins de deux mois, le Bitcoin était redescendu sous la barre des 6 000 $ (-70% depuis le sommet de 2018), entraînant dans son sillage les économies des nouveaux investisseurs de fin 2017.

Le Bitcoin SegWit2x

Malgré les apparences, l'arrivée du SegWit2x et du Bitcoin Gold avait créé une fracture gigantesque dans la confiance placée dans les cryptomonnaies. En effet, la recherche frénétique de toujours plus de bénéfices aura poussé des groupes d'individus, indépendants de l'équipe de développement du Bitcoin (Bitcoin Core), à forcer un hard fork sur la Blockchain.

Au mois de juillet 2017 apparaissait le projet SegWit2x, souhaitant remplacer le Bitcoin actuel car jugé trop limité. À la différence du premier SegWit, les améliorations proposées étaient plus qu'ambiguës. Par exemple, il proposait des nouveautés déjà implémentées dans le Bitcoin Cash. D'autre part, ce hard fork n'acceptait pas la rétrocompatibilité, c'est-à-dire la compatibilité avec les anciens blocs du BTC. Faisant donc disparaître toutes les transactions ayant déjà existé et accentuant la mauvaise protection des attaques pirates. Dans le but de nuire au Bitcoin ou non, ce projet réussit à faire peur aux investisseurs les mieux renseignés.

Sa méthode d'intégration douteuse inquiétait les mineurs dans le monde des cryptos. En effet, une semaine après les rumeurs d'activation de SegWit2x, le cours du Bitcoin aura chuté de 50 %, freinant également les investisseurs les moins aguerris, ne voyant pas la différence avec le Bitcoin. Une vague de révolte s'anima parmi les traders et les mineurs, amenant des pétitions pour la suppression du hard fork. Les clients n'obtiendront gain de cause de l'abandon du projet que le 8 novembre 2017. Plusieurs mois d'attente donc, ce qui aura un lourd impact sur la valeur réelle du Bitcoin pendant cette période. En parallèle, avec l'intégration du Bitcoin Gold (BTG) copiant le BCH, ces changements brusques ont directement affecté la montée irrationnelle du cours du Bitcoin jusqu'au 16 décembre.

Les investisseurs de longue date savaient déjà que le cours du Bitcoin n'était plus rationnel depuis l'arrivée du Bitcoin Cash et Bitcoin Gold à la fin de l'été. La possibilité de dupliquer son capital à partir de rien aura créé une bulle gigantesque sur le marché des cryptomonnaies. D'autre part, il est possible que les investisseurs institutionnels s'en soient mêlés pour chercher à faire des bénéfices avant la fin de l'année. Cependant, quiconque se mettait à investir à partir de l'automne ne servait qu'à nourrir les bénéfices des plus anciens. Si les capitaux se dilatèrent si vite à partir de janvier 2018, c'est tout simplement parce que les investisseurs de 2016 et 2017 avaient engrangé suffisamment de profits pour sortir, et la panique généralisée ne leur donnait plus de raisons évidentes de détenir ces actifs risqués.

Nous pouvons également souligner que la possibilité pour les acteurs financiers *(Whales)* de rentrer massivement sur le marché, et donc de manipuler les cours, a découragé plus d'un investisseur pendant de nombreuses années.

Les cryptomonnaies à notre époque

Pour conclure, il fallut attendre le début d'une nouvelle décennie pour voir le Bitcoin dépasser le seuil des 20 000 $. En 2020 cette fois-ci, les acteurs financiers que sont les banques traditionnelles étaient bien présents sur le marché. Des sociétés privées notamment, comme Microsoft Strategy, décidèrent d'investir leurs trésoreries dans les monnaies virtuelles. Elon Musk, patron de Tesla, investit 8 % de la trésorerie de l'entreprise sur le Bitcoin, soit 1,5 milliard de dollars. Pour rappel, le titre

Tesla valait plus de 1 000 fois ses bénéfices réels. La société la plus chère du monde investissait donc sur l'actif le plus risqué du monde, attirant avec elle de nouveaux investisseurs particuliers. Grâce aux campagnes d'influences et de médiatisations, le Bitcoin atteint pour la première fois la barre des 50 000 $ et même les 64 000 $ à son plus haut niveau en mai 2021. En seulement six mois, le Bitcoin venait de passer de 20 000 $ à quasiment 65 000 $. Une nouvelle bulle spéculative n'ayant que trois ans d'écart avec la précédente.

En mai 2021, à la suite de l'interdiction du minage et du trading sur les cryptomonnaies en Chine, un nouveau krach s'est produit, ramenant le Bitcoin à moins de 30 000 $, soit une baisse de 55 % depuis son sommet historique. De tels krachs à intervalles si proches n'étaient jamais arrivés dans l'Histoire de la finance.

L'ultra-numérisation des dernières années, et l'engouement toujours croissant pour les nouvelles technologies, amena le marché global des cryptomonnaies à plus de 2 500 milliards de dollars. Et pourtant, ce n'est que le 7 janvier 2021 qu'il franchit les 1 000 milliards de dollars. Les banques auront ainsi proposé à leur tour des produits dérivés sur les principales cryptomonnaies, favorisant la chute progressive du Bitcoin et de ses Altcoins. Bien attentives aux évolutions spéculatives, nous pouvons nous demander si les banques ne cherchent pas un moyen de rendre les monnaies virtuelles obsolètes ou de prendre totalement possession de ces technologies. En effet, si la souveraineté économique venait à devenir numérique, cela profiterait encore plus aux banques capables de contrôler un peu plus la fluctuation des capitaux. Dans ces conditions, les dérives de la cryptographie pourraient causer les plus grosses crises économiques de notre histoire en nous dirigeant dans cette numérisation outrancière.

Au nom du progrès numérique ou de la lutte contre les fraudes, faire disparaître l'argent liquide au profit de nouvelles monnaies cryptographiques serait une tragédie pour le commerce local, au profit du système bancaire mondial.

Plus la monnaie sera dématérialisée et plus nous perdrons la propriété réelle de notre argent qui est une de nos libertés fondamentales. Si des banques privées se mettaient à utiliser la Blockchain, alors celle-ci n'aurait plus de raisons d'exister. En effet, sa création même vient de l'émancipation d'une centralisation des banques, et de leur contrôle abusif sur les transactions.

Les krachs des cryptomonnaies nous entraînent donc de plus en plus vers la numérisation totale de la finance. Plus rapide, plus sécurisée, plus transparente. Les acteurs financiers sont persuadés que la technologie nous sauvera de tout conflit monétaire et économique.

Mais qu'en est-il réellement ?
En conclusion de ces différents récits, nous pouvons mettre en relief deux similarités :

La première : Cette volonté de surpasser les hommes et ses façons de commercer. D'abord avec l'arrivée des actions papier, pour permettre d'augmenter la richesse des banques. Mais ensuite avec les brokers pour faire grandir davantage cette addiction. Puis la monnaie virtuelle, qui dépasse ses précédents rejetons, difficile à contrer, où n'importe qui peut prendre part à cette Bulle mondiale. Même un enfant de 15 ans avec un ordinateur peut trader des cryptomonnaies. Il n'y a plus de règles, juste un marché avec toujours plus d'appétit. Et les acteurs sont financiers, comme nous l'avons observé dans ces différents récits : le pouvoir est entre les mains des plus riches, du commerce, du marché monétaire. Nous dévoilant ainsi la quintessence du capitalisme, tirant son essence dans son créateur :

La bulle du mercurien ?

Le triomphe du commerçant face au guerrier. De la morale face à la raison.
Néanmoins, c'est souvent par la guerre que l'ordre est rétabli. Historiquement, à la sortie de chaque bulle majeure, nous avons remarqué qu'une politique guerrière sauve des crises financières (relance de la productivité). Nous pouvons en déduire que les limites de cette bulle mercurienne sont très fines. Chaque nouvelle erreur de raisonnement nécessite un sauvetage systématique par l'apollinien.
Ainsi, nous pouvons légitimement nous demander si chaque bulle n'a pas été une simple correction dans une bulle en constante expansion depuis des siècles. Son ex-

plosion ne nous ramènera-t-elle pas finalement à l'ère apollinienne ?

La deuxième : La particularité la plus frappante de chacune de ces crises est bien évidemment la similarité des phases spéculatives qui sont parfaitement résumées dans le graphique ci-dessous :

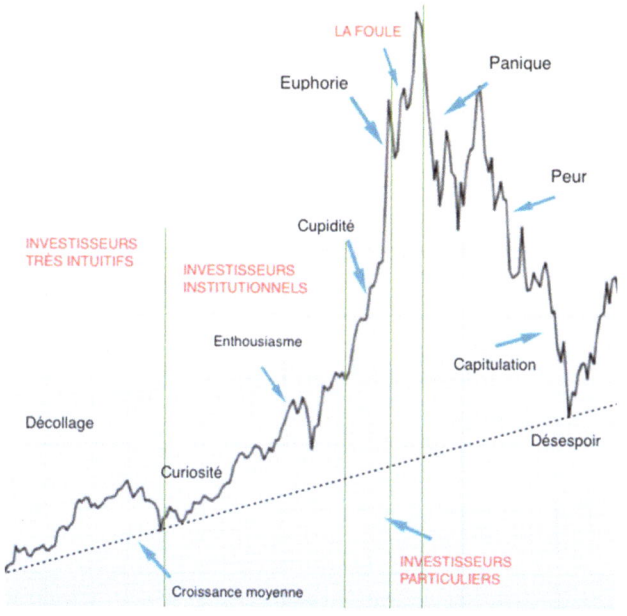

Les émotions des investisseurs ont été les mêmes à chaque période d'une bulle. La curiosité, l'enthousiasme, la cupidité, l'euphorie, la panique, puis le désespoir. Prisonnier de ses émotions, mais n'apprenant jamais de ses erreurs, le trader ou l'investisseur finit par mettre en danger les secteurs vitaux de la société. Finalement, n'importe quel esprit brillant peut tomber dans ce schéma-là.

SECONDE PARTIE

Une bulle s'identifie, un krach se prévoit et obéit à une routine

1 – Les outils essentiels pour construire une analyse

J'utilise depuis plus de 25 ans une approche graphique identique, qui peut légèrement évoluer ou être complétée au gré de mes travaux. Cette approche est très riche, puisqu'elle me permet de travailler de l'infiniment petit (day-trading/scalping) à l'infiniment grand (court /moyen /long terme), mais aussi ponctuellement comme dans ce livre sur une routine permettant de traquer une bulle financière et de prévoir son éclatement ainsi que ses conséquences. Les personnes ayant lu mes précédents ouvrages retrouveront bien entendu des outils qui leur sont familiers (je définis toujours mes outils de la même manière, pour rester cohérent dans mon approche), mais j'ai constamment le souci de fournir ici et là un détail ou une petite astuce supplémentaire permettant de mieux comprendre l'assemblage final. Tel un cuisinier, nous allons préparer nos ingrédients, puis suivre la recette afin d'élaborer un excellent plat.

Pour mes nouveaux lecteurs, la mise au point de toute méthode en analyse technique ou graphique doit être le fruit d'une mûre réflexion sur le choix des outils, et surtout sur leur assemblage qui conduira à une méthode puis à un plan de trading ou d'investissement. À mon sens, toute méthode doit être constituée de deux outils au minimum, et de cinq au maximum. Sachant qu'on dispose de plus d'une centaine d'outils en analyse technique et graphique, l'obligation de synthèse est donc colossale. C'est pour cela que beaucoup abandonnent en chemin. Trop de livres proposent une bibliothèque d'instruments, mais peu d'auteurs offrent une expertise sur le choix, la combinaison et la synthèse de ces outils pour aider à mieux comprendre les marchés d'un point de vue graphique. Avec modestie, je vais essayer de résumer une partie des 70 000 heures d'observations et de travail effectuées, afin de vous donner envie d'aller de l'avant et d'utiliser mes techniques.

1-1 Les chandeliers japonais

Qui veut appréhender les marchés financiers avec des outils techniques doit impérativement choisir au préalable un type de représentations graphiques :
Il en existe bien entendu un grand nombre :
– Une courbe simple avec juste le cours de clôture (à mon sens trop simple et imprécise)
– Un bar chart avec le point haut, le point bas, le cours d'ouverture et de clôture (plus évolué mais pas très visuel)
– Des points et figures (très peu utilisés, et plutôt complexes, ils nécessitent un vrai apprentissage)
– Le market profile (certainement intéressant mais inadapté à mon approche)
– Les graphiques Heikin Ashi (une variante des chandeliers japonais classiques : j'encourage ceux qui s'en servent à poursuivre dans ce sens, ils seront certainement intéressants pour surveiller une bulle financière).

Cela fait presque trois décennies que mon expertise graphique est faite à partir de chandeliers japonais (bougies ou candlesticks). Je préfère vous expliquer et résumer ce qu'il y a d'essentiel à mon sens dans cette approche, qui est à elle seule le thème de nombreux livres de la part de brillants auteurs : Steve Nison, François Baron...
Les chandeliers japonais constituent la méthode la plus ancienne de représentation graphique des cours.

Les Japonais l'utilisaient au XVIe siècle pour anticiper l'évolution des cours du riz.

Cette représentation graphique a été généralisée le siècle dernier aux marchés financiers. Elle s'applique sur n'importe quel horizon de temps.

On dispose pour chaque chandelier des informations ci-dessous (en noir pour la version japonaise et en couleur pour une version plus occidentale).

Chandeliers journaliers sur l'EURUSD. Chaque bougie correspond à une journée de transactions (cours d'ouverture après minuit, cours de clôture juste avant minuit, plus haut et plus bas atteints en cours de journée).

Chandeliers hebdomadaires sur l'action Apple. Chaque bougie correspond à une semaine de transactions (cours d'ouverture le lundi à 15 heures 30, cours de clôture le vendredi à 22 heures, plus haut et plus bas atteints en cours de semaine).

Comme nous l'avons vu à la page précédente : un chandelier est constitué d'un corps, mais aussi d'une ombre haute et basse (appelée aussi mèche).

Il existe une version en noir et blanc (japonaise, inspirée du Yin et du Yang), mais aussi une version rouge et verte plus prisée en Occident.

Le corps est rouge ou noir lorsque le cours de clôture est inférieur au cours d'ouverture (symbolique baissière).

Le corps est vert ou blanc lorsque le cours de clôture est supérieur au cours d'ouverture (symbolique haussière).

Le plus haut et le plus bas sont définis par les ombres ou mèches.

Lorsque le cours d'ouverture et de clôture sont identiques, le chandelier n'a pas de corps, mais simplement une ombre haute et basse appelée Doji.

Avec les logiciels d'aide à la décision (Prorealtime, MT4...), on peut bien entendu personnaliser la couleur de ses chandeliers.

L'intérêt de cette représentation est double :
– Le caractère visuel et la simplicité de lecture
D'un seul coup d'œil, un plus grand nombre de bougies vertes témoigne d'une tendance haussière et inversement.
– La mise en évidence des configurations en chandeliers japonais.

Il ne faut pas confondre les configurations chartistes (double sommets, triangles, tête et épaules...) et les configurations en chandeliers japonais (avalements, étoiles...).

En effet, certains assemblages constitués d'une à plusieurs bougies permettent d'anticiper la nature du mouvement à venir. Malheureusement, on ne peut prédire ni l'amplitude de la hausse ou de la baisse ni son timing (sa durée). Ces configurations informent d'une probable correction technique haussière ou baissière à venir, pas davantage. Je vous déconseille fortement d'employer le terme « retournement » quand vous utilisez les configurations en chandeliers japonais. Nous verrons pourquoi lorsque j'évoquerai les ratios de Gann et de Fibonacci (paragraphe essentiel pour muscler votre approche technique et comprendre parfaitement les cycles des marchés financiers).

L'intérêt va être de combiner ces chandeliers entre eux et avec d'autres outils techniques pour identifier des situations récurrentes. Cela permet de se forger des certitudes (je ne gagnerai pas à tous les coups, mais je sais que si je suis fidèle à cette approche je gagnerai plus souvent que je ne perdrai).

Il existe une bonne soixantaine de configurations en chandeliers japonais, mais seulement quelques-unes sont vraiment indispensables à connaître selon moi (les étoiles, les avalements, les pénétrantes, les haramis, les marabozus, les structures à grandes ombres, les pinces, les structures en pince...).

Je vais reprendre les configurations de mon précédent livre *Le trading, c'est presque facile* (JDH Éditions, 2017), que je vais compléter avec les autres configurations qui me semblent essentielles à connaître.

Les structures à grandes ombres

Je vais m'intéresser aux structures à grandes ombres de façon très codifiée. Pour les spécialistes, on s'intéressera aux marteaux, marteaux inversés, mais aussi à d'autres formes ayant les caractéristiques suivantes :

– La grande ombre devra être dans les sens du mouvement précédent (grande ombre basse à la suite d'un mouvement de baisse ou grande ombre haute à la suite d'un mouvement de hausse).
– Cette ombre devra représenter au moins 50 % de la taille du corps de la bougie, et plus cette proportion sera importante, mieux ce sera.

Une bougie ainsi définie marquera un point haut ou un point bas au moins temporaire, et parfois majeur. La grande ombre indique souvent la présence de « smart » investisseurs ou « smart traders ». Ce sont des intervenants très intuitifs qui pensent que le marché est dans un excès haussier ou baissier et qu'une forte probabilité de rebond existe. Ce sont d'ailleurs leurs interventions qui créent cette longue ombre, signe qu'après avoir connu un excès, le marché risque de poursuivre ensuite sa correction. Certains analystes dont je fais partie qualifient ces situations de pièges à acheteurs ou à vendeurs (« Bull trap » ou « Bear trap » en termes anglo-saxons).
À l'aide de croquis, je vais maintenant aborder quelques structures à grandes ombres intéressantes à repérer (marteaux, marteaux inversés et autres). La diagonale de gauche et la flèche de droite représentent d'où vient le marché et où il risque potentiellement d'aller.

Marteaux

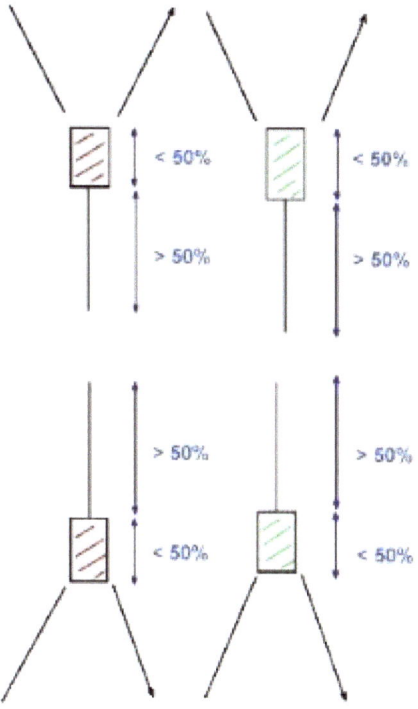

Marteaux inversés

Voici d'autres structures possibles à grandes ombres à la hausse (mais valables aussi à la baisse, après une rotation de 180°).

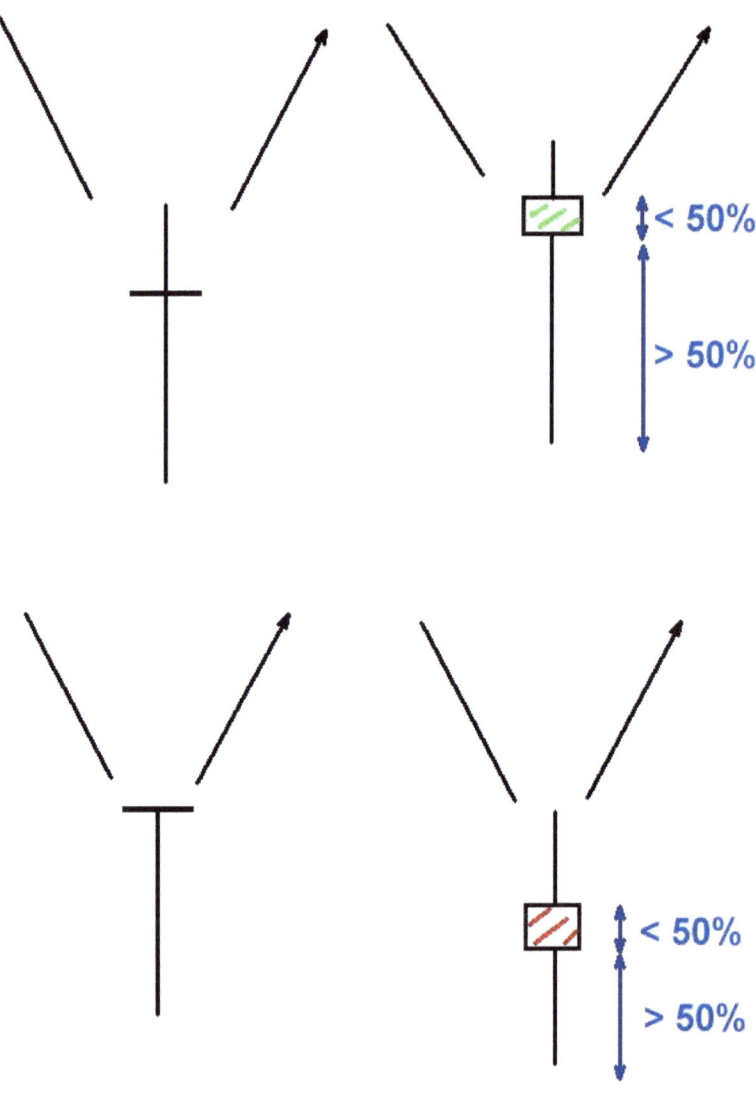

Le sommet en pince

Après un mouvement de hausse significatif, on constate deux bougies consécutives dont les points hauts respectifs s'arrêtent au même niveau (on acceptera un très faible décalage, quasiment imperceptible à l'œil), formant ainsi une résistance horizontale. La probabilité d'avoir au minimum une correction technique baissière est importante (il faut, là également, se dispenser d'employer le terme de retournement de tendance).

Idéalement, il vaudrait mieux que la première bougie soit verte ou en forme de doji et que la seconde soit rouge ou en forme de doji. Cela marquerait mieux un coup d'arrêt de la hausse. Mais toutes les combinaisons sont exploitables en pratique.

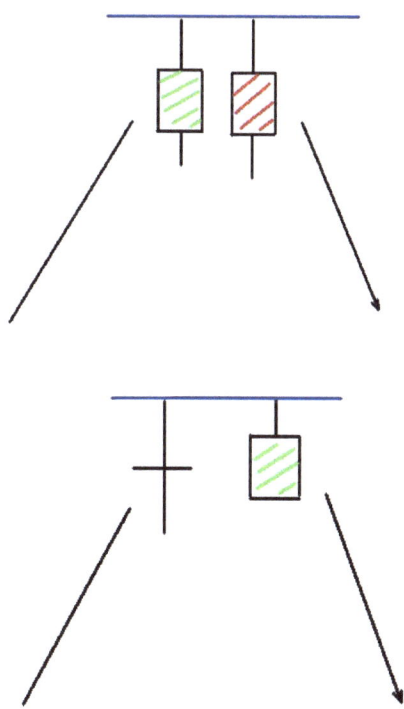

Le creux en pince

Le creux en pince sera le symétrique du sommet en pince (après une rotation de 180°). Après une vague de baisse, on note deux bougies consécutives dont les points bas respectifs s'arrêtent au même niveau, formant ainsi un support horizontal. La probabilité d'avoir au minimum une correction technique haussière est importante.

Un creux en pince serait également mieux marqué si la première bougie était rouge ou en forme de doji et la seconde verte ou en forme de doji. Mais en pratique, comme pour le sommet en pince, toutes les combinaisons sont à retenir.

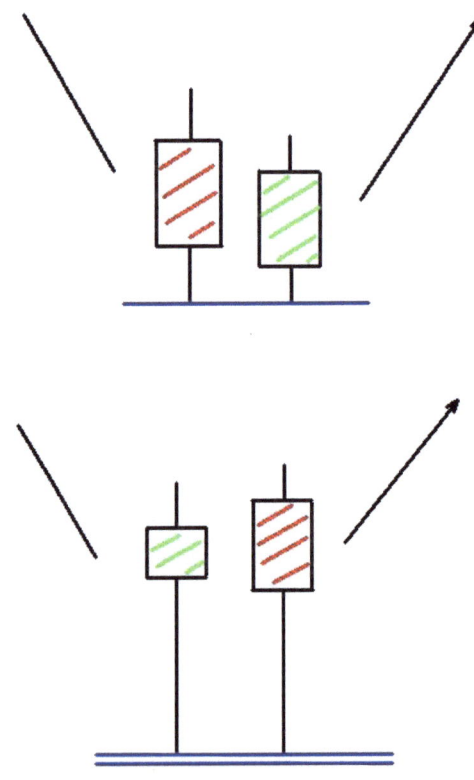

Les structures en pince (haussières ou baissières)

Ce qui différencie les structures en pince, haussières ou baissières, des creux en pince ou des sommets en pince est très simple : entre les deux bougies dont les points bas ou points hauts s'arrêtent au même niveau s'intercalent 1 à 5 bougies au maximum.

On ne peut pas vraiment faire une différence qualitative entre les structures en pince et les creux ou sommets en pince. Ces configurations ne sont pas énormément « médiatisées », mais elles méritent néanmoins l'attention.

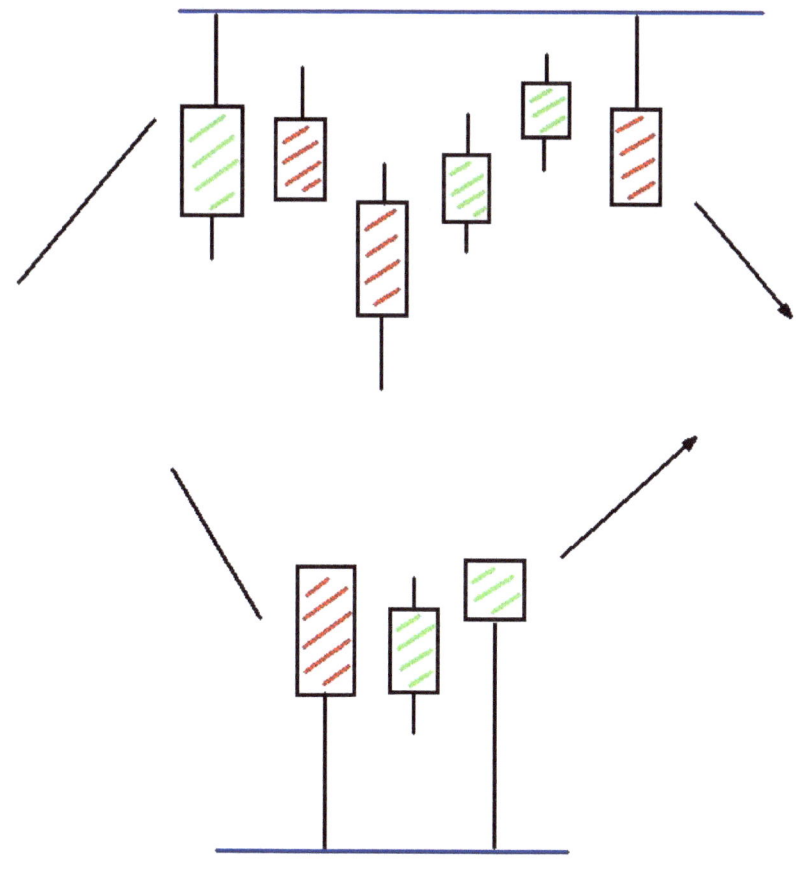

Cas particulier de structures en pinces

Il existe un cas particulier où l'ombre d'un chandelier intercalé dépasse la ligne de pince. On pourrait penser que la structure en pince est caduque, mais pas du tout ! On a même deux lignes de support ou de résistance : celle de la pince et celle marquée par le sommet de l'ombre qui dépasse de la pince. C'est également une structure peu « médiatisée », mais assez redoutable.

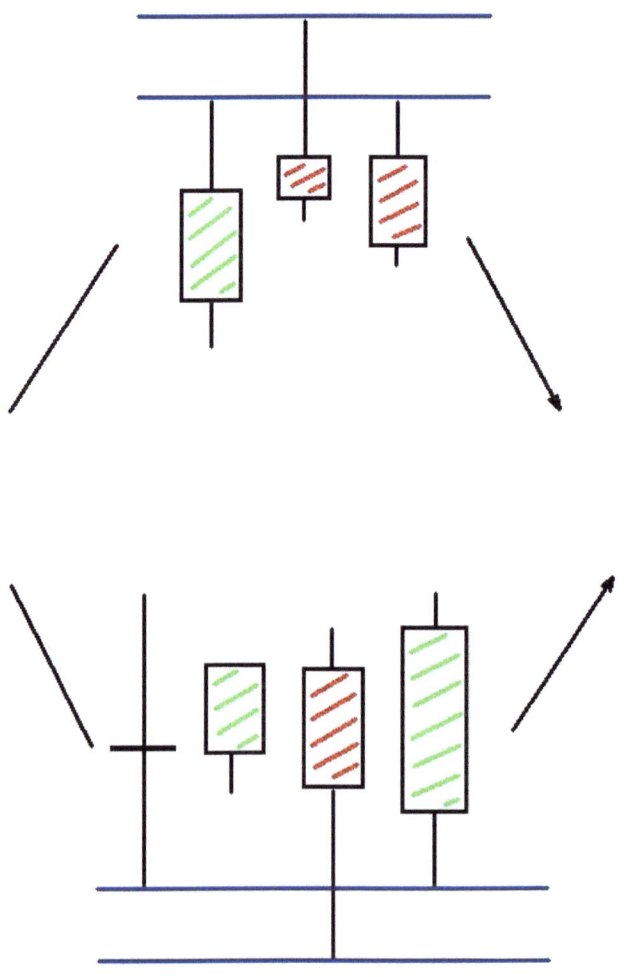

Les étoiles

Les étoiles sont constituées de 3 bougies. Elles avertissent d'une correction (le terme retournement de tendance, bien souvent évoqué dans la littérature sur le sujet, est d'ailleurs bien trop fort à mon sens pour toute structure en chandeliers japonais). Une étoile du soir avertit d'un repli baissier, et inversement pour une étoile du matin. On les voit souvent apparaître après un mouvement de hausse ou de baisse.

Construction d'une étoile du soir :
La première bougie doit avoir un corps blanc/vert.
La seconde bougie peut avoir un corps noir/rouge ou blanc/vert, mais il doit impérativement se situer au-dessus du corps de la première bougie.
La troisième bougie a un corps obligatoirement noir/rouge, qui aura un équilibre proche du corps blanc/vert de la première bougie.

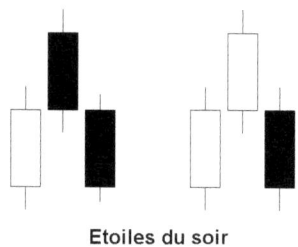

Etoiles du soir

Interprétation :
À la sortie de cette figure, la probabilité d'un repli sur plusieurs bougies est très importante (sans que l'on puisse vraiment estimer l'amplitude et le timing de cette baisse). La structure sera invalidée en cas de débordement de son point haut.

Un investisseur à court terme privilégiera la lecture des bougies journalières. Si on détecte une étoile du soir (qui a mis trois jours à se former), l'interprétation est la suivante : la probabilité d'un repli sur plusieurs jours est très forte.

Un investisseur à moyen terme se concentrera sur la lecture des bougies hebdomadaires. Si on aperçoit une étoile du soir (qui a mis trois semaines pour se former), on l'interprète ainsi : la probabilité d'assister à une baisse de quelques semaines est très élevée.

Quel que soit l'horizon de temps sur lequel on choisit de travailler, on adapte son discours de la même manière.

Construction d'une étoile du matin :
La première bougie doit avoir un corps noir/rouge.
La seconde bougie peut avoir un corps noir/rouge ou blanc/vert, qui doit absolument être situé en dessous du corps de la première bougie.
La troisième bougie a impérativement un corps blanc/vert, qui devra être le plus symétrique possible du corps noir/rouge de la première bougie.

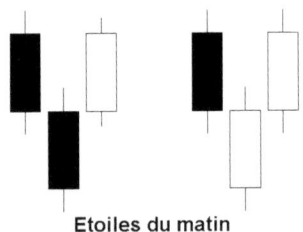

Etoiles du matin

Son interprétation est identique à celle d'une étoile du soir, mais à la hausse.

Cas particuliers :
On peut aussi rencontrer :

– Des étoiles du soir ou du matin en Doji, où la deuxième bougie est un doji (cours d'ouverture et de clôture identiques).
– Des étoiles du soir en Doji pierre tombale, où la deuxième bougie est un doji particulier (cours d'ouverture et de clôture identiques mais très proches du point bas). C'est également possible pour les étoiles du matin, mais il n'y a pas de nom spécifique à cette structure.
– Des étoiles filantes assimilables aux structures à grandes ombres.

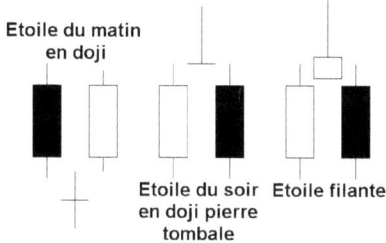

Il ne faut pas hésiter à consulter les chandeliers sur des horizons de temps supérieurs au vôtre. Cela permet de prendre du recul et de glaner quelques informations supplémentaires. Si un investisseur à court terme (qui privilégie la lecture d'un graphique journalier) détecte par exemple une étoile du matin sur les chandeliers hebdomadaires (hausse probable de plusieurs semaines), il verra sa prise de position à l'achat se faire dans de meilleures conditions et avec une espérance de gain plus forte à court terme.

Les avalements

Les avalements sont constitués de 2 bougies. Ils avertissent également d'une correction à venir, qui a une très forte probabilité de se produire. Ils apparaissent après un mouvement important de hausse ou de baisse.

Construction d'un avalement baissier :
La première bougie doit avoir un corps blanc/vert.
La seconde bougie doit avoir un corps noir/rouge qui englobe complètement le corps de la première bougie : on évoquera également le terme d'englobante baissière. Si le corps noir/rouge avale la bougie blanche/verte (corps + ombres), on définit un avalement total, qui renforce la puissance de l'avalement.

Interprétation :
À la sortie de cette figure, la probabilité d'une phase de correction baissière est maximale, et ce d'autant plus si la troisième bougie confirme la baisse. L'avalement baissier sera invalidé s'il y a une clôture au-dessus du point haut de la bougie noire/rouge.

Construction d'un avalement haussier :
La première bougie doit avoir un corps noir/rouge.
La seconde bougie doit avoir un corps blanc/vert qui englobe complètement le corps ou la totalité de la première bougie. On parle également d'englobante haussière simple ou totale.
Son interprétation est identique à celle d'un avalement baissier, mais à la hausse.

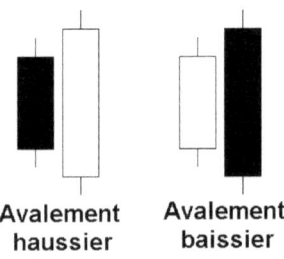

Avalement haussier Avalement baissier

Situation géographique
Si un avalement baissier arrive après un long mouvement de hausse, cela casse la dynamique sans pour autant la remettre totalement en question (le paragraphe sur les ratios de Gann et de Fibonacci permettra de clarifier tout cela).
Un avalement baissier qui arrive au sein d'un mouvement de baisse accentue l'idée d'une poursuite de la baisse.
On raisonnera de façon identique avec un avalement haussier.

Les haramis

Les haramis sont constitués de 2 bougies. Cette configuration avertit d'une consolidation, statistiquement moins marquée toutefois qu'en cas d'apparition d'étoiles ou d'avalements.

Construction d'un harami baissier :
La première bougie doit avoir un corps blanc/vert.
La seconde bougie doit avoir un corps noir/rouge qui est compris dans le corps blanc/vert de la première bougie.

Interprétation :
À la sortie de cette figure, la probabilité d'être en présence d'une consolidation baissière est maximale, et ce d'autant plus si la troisième bougie confirme la baisse.
Un harami baissier sera invalidé en cas de clôture au-dessus du point haut de la première bougie.

Construction d'un harami haussier :
La première bougie doit avoir un corps noir/rouge.
La seconde bougie doit avoir un corps blanc/vert qui est compris dans le corps noir/rouge de la première bougie.

Son interprétation est identique à celle d'un avalement baissier, mais à la hausse.

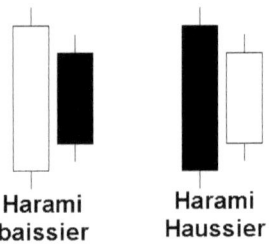

Cas particuliers
On peut aussi rencontrer des haramis en croix (baissiers ou haussiers), où la deuxième journée est un doji (cours d'ouverture et de clôture identiques). La consolidation attendue risque de s'enchaîner d'autant mieux.

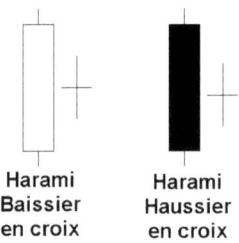

Situation géographique
Interprétation identique à celle de l'avalement

Les pénétrantes

Les pénétrantes sont constituées de 2 bougies. Ces configurations avertissent d'une consolidation, mais moins marquée qu'en cas d'apparition d'une étoile ou d'un avalement.

Construction d'une pénétrante baissière (aussi appelée nuage noir) :
La première bougie doit avoir un corps blanc/vert.

La seconde bougie doit avoir un corps noir/rouge dont l'ouverture s'effectue au-dessus du cours de clôture de la première bougie et la clôture en dessous de la moitié du corps blanc/vert de la première bougie.

Interprétation :
À la sortie de cette figure, la probabilité d'être en présence d'une consolidation baissière est maximale, et ce d'autant plus si la troisième bougie confirme la baisse.
La pénétrante baissière sera invalidée si une bougie clôture au-dessus du point haut de la bougie noire.

Construction d'une pénétrante haussière :
La première bougie doit avoir un corps noir/rouge.
La seconde bougie doit avoir un corps blanc/vert dont l'ouverture s'effectue en dessous du cours de clôture de la première bougie et la clôture au-dessus de la moitié du corps noir de la première bougie.
Son interprétation est identique à celle d'une pénétrante baissière, mais à la hausse.

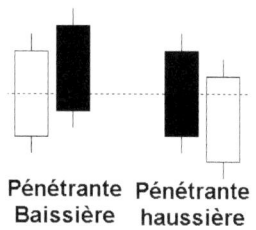

Pénétrante Baissière   Pénétrante haussière

Situation géographique
Interprétation identique à celle de l'avalement et *du harami*

Les Trois Soldats Blancs/Les Trois Corbeaux Noirs

Ils sont constitués de 3 bougies. Ils apparaissent au cœur d'une tendance et avertissent que celle-ci a encore force et inertie.

Construction des trois soldats blancs :
Ce sont trois chandeliers blancs/verts avec des corps de plus en plus importants et dotés d'ombres de faible amplitude. Ils sont également bien décalés vers le haut les uns par rapport aux autres.

Interprétation :
À la sortie de cette figure, on pourrait penser que la volatilité haussière est trop forte et qu'une correction risque de s'engager. En fait, il n'en est rien. Cette configuration avertit que la hausse peut encore se poursuivre.

Construction des trois corbeaux noirs :
Ce sont trois chandeliers noirs/rouges avec des corps de plus en plus importants et dotés d'ombres de faible amplitude. Ils sont également bien décalés vers le bas les uns par rapport aux autres.

Leur interprétation est identique à celle des trois soldats blancs, mais à la baisse.

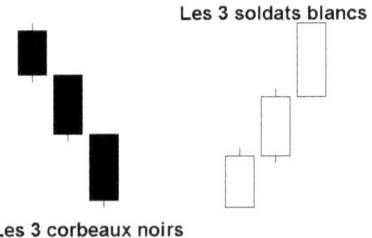

Les 3 soldats blancs

Les 3 corbeaux noirs

Les structures en chandeliers japonais ne sont pas primordiales pour identifier une bulle spéculative, mais elles sont néanmoins à connaître parfaitement. Elles peuvent parfois apporter un petit supplément d'âme pour renforcer une conviction.

1–2 Les ratios de Gann et de Fibonacci

Ce paragraphe est à mon sens d'une importance capitale, non pas uniquement pour comprendre le phénomène de bulle, mais pour profiter de la façon répétitive dont les marchés évoluent. Je pourrais écrire un livre dédié à cette approche, qui me semble fantastique. Elle permet de suivre une routine, une norme d'analyse pour se situer à tout moment dans ses analyses graphiques. C'est à mon sens une valeur ajoutée essentielle, une étoile du Nord pour ne jamais perdre son chemin sur les marchés financiers. Cette approche très innovante, par rapport à la littérature actuelle sur le sujet, doit être testée et sera très certainement adoptée par un grand nombre de lecteurs. Je vais essayer de moderniser des travaux remontant aux XIIIe et XXe siècles et casser les codes d'une approche souvent trop pauvre concernant l'utilisation de ces ratios.

Les ratios de Fibonacci

Léonardo Fibonacci est un mathématicien italien né vers 1170. À l'époque, son nom d'usage était « Leonardo Pisano ». Il est encore connu en français sous le nom de Léonard de Pise, et se surnommait parfois lui-même « Leonardo Bigollo » (« bigollo » veut dire « voyageur » en italien). Fibonacci jouera un rôle d'une importance considérable en faisant le lien entre le savoir des mathématiques des Arabes et les connaissances géométriques et mathématiques de l'Occident.

Pendant plus de vingt ans, il se consacra à la rédaction d'ouvrages sur les mathématiques.

Ses quatre œuvres principales sont :

Liber Abaci, 1202

De loin le livre le plus connu, il y introduit les chiffres dits indo-arabes car importés des Indes à la suite des invasions arabes. Il est en partie rédigé de droite à gauche.

L'Empire d'Occident utilisait encore les chiffres romains et les calculs sur abaque (table de calcul avec boules, galets, jetons).
L'invention est d'abord mal reçue, car le public ne comprend plus les calculs que font les commerçants.
En 1280 (après sa mort), la ville italienne de Florence interdira même l'usage des chiffres arabes par les banquiers. On juge que le zéro apporte la confusion et des difficultés au point qu'ils appellent ce système Cifra, qui vient du nom arabe du zéro (al sifr = vide, zéro). Ce serait par l'usage des nombres dans la tradition cabalistique que le mot « chiffre » aurait acquis le sens de code secret. À son époque, ce sont surtout les applications de l'arithmétique au calcul commercial qui lui ont permis d'être reconnu : calcul du profit des transactions, conversion entre monnaies de différents pays utilisant des bases différentes (base 10, 12, 20). Son travail sur la théorie des nombres est ignoré de son vivant, mais il est très largement lu pendant les deux siècles suivants. Ses travaux sont désormais très utilisés en finance de marché, et en particulier en analyse technique.

Practicae Geometriae, 1220
Liber quadratum, 1225

Le « Livre des carrés » est un livre de problèmes numériques, et forme une partie très impressionnante du travail de Fibonacci.

Recueil Flos, 1225

Recueil de solutions à certaines questions liées aux nombres et à la géométrie. C'est un recueil d'énoncés avec la résolution de quinze problèmes d'analyse déterminée et indéterminée du premier degré.

Après 1228, la vie de Fibonacci nous est presque inconnue. Un seul document connu se réfère à lui. C'est un décret daté de 1241 notifiant l'attribution par la République de Pise d'un salaire annuel de vingt lires au « sage et discret Maître Leonardo Bigollo » en reconnaissance des services rendus à la cité et aux citoyens, en qualité de comptable.

Leonardo Fibonacci meurt peu après, probablement à Pise. On retiendra surtout de ses travaux cette fameuse suite qui porte son nom :

1-1-2-3-5-8-13-21-34-55-89-144-233... (pour trouver le nombre suivant, on additionne au dernier nombre celui qui le précède).

Ce qui est intéressant dans cette suite, c'est la mise en place du ratio dit d'or, obtenu en divisant un nombre par son suivant. Plus on monte dans la suite et plus le ratio se rapproche de 0,618, dit ratio d'or.

21/34= 0.61764
34/89= 0.61818
89/144=0.161805
114/233= 0.61802

On retiendra également le ratio complémentaire 0.382.
21/55 = 0.381818
34/89 = 0.382022
55/144 = 0.381194
89/233 = 0.381974

Certains analystes travailleront le ratio supplémentaire en 0,236.
34/144 = 0.236111
55/233 = 0.236051

Même s'il n'y a pas beaucoup d'écart, je remplacerai plus loin le ratio 0.236 de Fibonacci par celui de Gann, 0,25.

Tous ces calculs n'étaient que des exemples, retenez uniquement les deux ratios de Fibonacci suivants, que nous utiliserons tout au long de cet ouvrage : **0,618** (le nombre d'or) et son complémentaire **0,382**, que je simplifierai en **0,62** et **0,38**. On verra dans un instant qu'on y ajoutera aussi les ratios de Gann **0,25**, **0,50** et **0,75**.

Cette suite et le ratio d'or apparaissent souvent dans le monde qui nous entoure :

– La coquille d'escargot, la queue du caméléon, les dépressions météorologiques, les galaxies, les positions de nos chats...

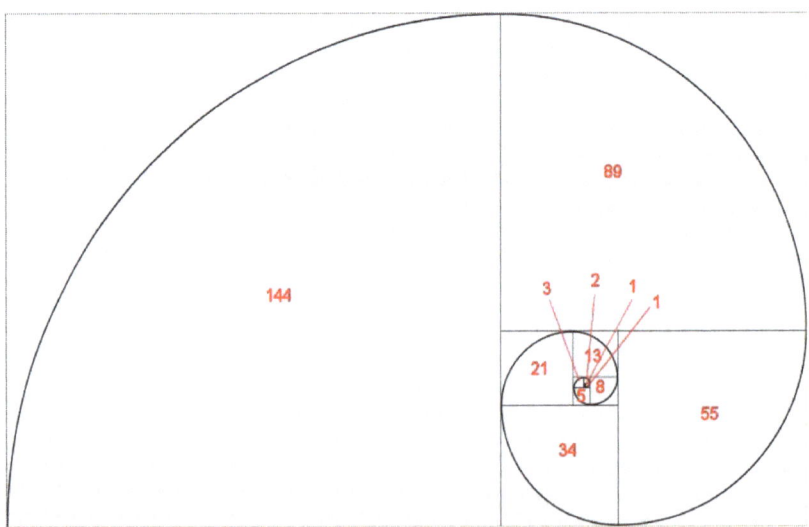

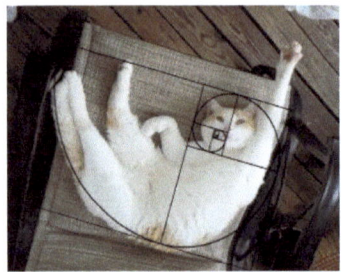
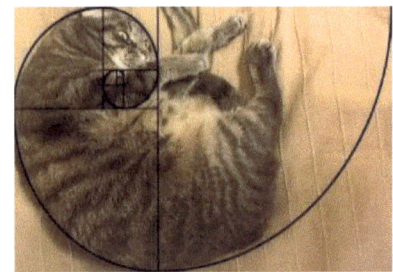

– Nos phalanges

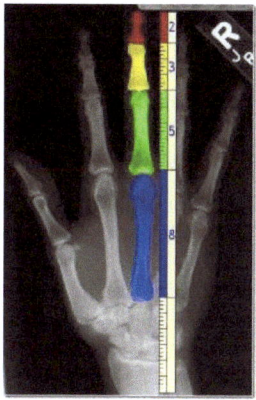

– Dans les années 1960, les stylistes définissaient la morphologie canon en s'inspirant de Fibonacci.

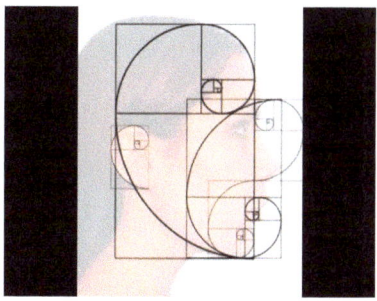

Les ratios de Gann

William Delbert Gann est né le 6 juin 1878. C'est un analyste financier et trader américain qui développa ses fameuses méthodes d'analyse financière : les angles de Gann, le carré de 9 ou encore le cercle à 360°.

Son éducation vient de la Bible, à laquelle il voue une grande importance et qui lui a appris la lecture. À 21 ans, il la connaît par cœur. Il s'intéresse également aux mythologies grecques et égyptiennes, et notamment à leurs géométries, astrologies, mathématiques anciennes, qui lui permettront d'analyser les marchés financiers et de prédire leur évolution.

À 22 ans, il commence à « trader » dans des sociétés de courtage et se met à étudier les cours du coton, qu'il connaît le mieux car son père exploitait des champs de coton. En parallèle, il analyse la psychologie des traders autour de lui. Il constate que plus de 80 % d'entre eux sont perdants car ils interviennent dans un marché sans l'avoir réellement étudié et sont aveuglés par l'euphorie, l'espoir et la cupidité.

Après avoir connu des échecs, il s'intéresse à la récurrence périodique des actions et des matières premières. Pour lui, les lois naturelles sont les bases du fondement des marchés. Il consacre alors plus de dix ans à étudier l'astrologie et les mathématiques anciennes à l'étranger (Égypte, Inde, Angleterre).

En 1908, il ouvre son cabinet de courtage à New York et met en application ses recherches et ses travaux. Le 8 août, il aurait découvert le MTF (Master Time Factor), capable d'anticiper la tendance des cours des matières premières. Gann obtient sa notoriété en étant un pionnier dans l'utilisation de méthodes de ce type.

Il exploitait par exemple l'alignement des planètes Uranus et Neptune pour prédire le cours du coton. Si les 2 planètes sont alignées pendant une période précise (avant mi-avril), la rivière du Mississippi provoquera alors des inondations brutales. Si cela se produit, le coton se fera rare et son prix augmentera. À l'inverse, si Jupiter et Neptune se rejoignent à cette période précise, la pluie régulière donnera plus de coton, et les prix baisseront.

Il se fait surnommer le « prophète » par le monde de la finance après avoir été suivi par un journaliste, et obtient un bénéfice de 1 000 % en 25 jours, record dans l'histoire de Wall Street. Selon lui, « les gains les plus importants sont réalisés lorsque des mouvements rapides et des fluctuations extrêmes se produisent à la fin des cycles majeurs ».

En 1933, il prend l'avion pour analyser les productions de blé, coton et tabac du pays.

En 1935, Gann ira étudier les cultures de coton en Amérique du Sud (Pérou, Chili, Brésil, Argentine) de façon à comprendre leurs méthodes de production.

L'année suivante, il achète son propre avion, conçu en métal, pour aller étudier les cultures du pays et de l'Amérique du Sud.

Parmi ses méthodes, où figuraient ses intuitions et croyances personnelles, il s'inspirait toujours de passages bibliques pour découvrir sa base analytique, son chemin. Il citait souvent le passage de l'Ecclésiaste 1 : 9-10 : « Ce qui a été, c'est ce qui sera, et ce qui s'est fait, c'est ce qui se fera, il n'y a rien de nouveau sous le soleil. S'il est une chose dont on dise : vois ceci, c'est nouveau ! Cette chose existait déjà dans les siècles qui nous ont précédés... »

Au milieu de sa vie, il devient un membre éminent de certains des plus importants organismes financiers de l'agriculture (New Orleans Cotton Exchange, Rubber Exchange of New York...). Ses gains, durant sa vie, auraient dépassé les 50 millions de dollars.

William Delbert Gann meurt en 1955, à 77 ans, donnant ainsi naissance à la légende de la spéculation boursière.

Sa méthode et son nom resteront principalement attachés aux ratios par quart (0,25/0,50/0,75). Nous allons voir maintenant l'intérêt de ces ratios et de ceux de Fibonacci.

Synthèse, routine

Le ratio d'or régit beaucoup des choses qui nous entourent, comme on en a vu des exemples précédemment. Je retiendrai un peu plus particulièrement son caractère esthétique. Il est utilisé depuis de nombreuses années sur les marchés financiers. Ce ratio les définit-il, comme il le fait pour la coquille d'escargot ? Probablement pas aussi parfaitement ! On peut d'ailleurs parler ici d'un phénomène d'autoréalisation (beaucoup l'utilisent et valident donc son existence).

Une chose est certaine : il serait dommage de nier qu'il existe, et de ne pas s'en servir.

Après de longues années d'observations, je suis arrivé à créer une routine construite au travers des ratios de Gann et de Fibonacci. Elle structure à mon sens l'approche des marchés financiers en remettant en cause quelques dogmes solidement ancrés dans toute la littérature graphique et technique. Je suis bien plus à l'aise et efficace avec cette façon de voir, pour expliquer l'évolution des marchés. Cela me permet d'avoir un regard plus factuel et plus objectif sur tout ce qui concerne les tendances, les corrections et les retournements. Sujets souvent mal maîtrisés et parfois nébuleux pour beaucoup d'apprentis analystes graphiques.

On verra que, trop souvent, ce terme de « retournement » est galvaudé ou abusivement utilisé. C'est un vrai piège, qui revient souvent en boomerang et désillusionne beaucoup d'analystes. Je dirais même que c'est un vrai poison qui coule dans les veines de beaucoup de mes confrères.

Contrairement à trois grandes certitudes de bon nombre d'analystes, fausses à mon sens, pour moi :

– On ne peut jamais parler de retournement de tendance après des configurations en chandeliers japonais (étoile, avalement, harami...).

– On ne peut pas non plus parler de retournement de tendance après une divergence ou une divergence cachée avec un indicateur technique (RSI, MACD…).

– On ne peut, non plus, dire qu'il y a retournement de tendance quand, dans une tendance balisée par un canal haussier (droites de support et de résistance parallèles), les cours sortent du canal par le bas. C'est plus étonnant encore, et je l'affirmais comme tous mes confrères dans mon premier livre en 2002, *Bourse et analyse technique* (Ed. Economica), mais j'avais tort, et pas suffisamment d'expérience à l'époque pour comprendre pourquoi.

Certains diront que je suis un révisionniste de thèses établies depuis plus d'un siècle. Je vous conseille surtout de ne pas vous arc-bouter sur vos acquis. Après combien d'années et d'erreurs s'est-on rendu compte que la Terre n'était pas plate ? Je vous recommande de tester mon approche, qui devrait mettre en lumière les zones d'ombre qui souvent piègent trop d'analystes techniques et d'investisseurs particuliers.

Je vais me servir des quatre ratios **0.25/0,382/0,5/0,618** dans ma routine classique, mais on verra l'intérêt de rajouter le ratio **0,75** dans le modèle de gestion d'une bulle. Pour simplifier, j'utiliserai, comme indiqué plus haut, le ratio **0.38** au lieu de 0,382 et **0,62** au lieu de 0,618.

Il faut noter que tous les logiciels d'analyse graphique ont une fonction permettant d'afficher automatiquement les ratios ou leur pourcentage :
(0,25=25 %/0,38=38 %/0,5=50 %/0,62=62 %), quand on définit un point haut d'origine et un point bas d'arrivée (tendance baissière) ou un point bas d'origine et un point haut d'arrivée (tendance haussière).

Prenons en exemple le graphique de l'action Carrefour.

On observe une tendance baissière, dont on trouve facilement le point haut, à gauche du graphique (point haut majeur), ainsi que le point bas (temporaire ou majeur) en bas à droite.

On encadre ce mouvement de baisse en partant toujours du point haut (ombre haute de la dernière bougie qui marque le point haut) au point bas du mouvement (ombre basse de la dernière bougie baissière qui marque le point bas), ce qui permet d'afficher les différents ratios utilisés.

Voici maintenant ma routine d'analyse, et les enseignements de longues années d'observations :

– Tant que le ratio 0,25 n'est pas franchi à la hausse, on est en présence d'une simple correction technique que j'appelle microcorrection. S'ils ne dépassent pas ce niveau, les cours peuvent rechuter à tout moment avec

possibilité de mettre en place de nouveaux points bas. Si tel est le cas, on retrace nos ratios en décalant toujours le point d'arrivée sur tout nouveau point bas.
– Lorsque le ratio 0,25 est débordé à la hausse en clôture de l'unité de temps du graphique (sur un graphique hebdomadaire, il faut une clôture hebdomadaire au-dessus du ratio), la correction technique passe à un nouveau stade. On dit qu'elle passe de micro à macro-correction. C'est-à-dire à une correction plus importante en durée et en amplitude. C'est souvent autour de ce niveau (voire plus bas, comme vers 15 € sur le graphique de Carrefour) que certains identifient un retournement de tendance, alors que pour moi, ce n'est qu'une macro-correction.
– Le potentiel de hausse est alors localisé sur les ratios 0,38/0,50/0,62. À chaque fois qu'on clôture au-dessus d'un de ces ratios, le nouvel objectif est le ratio suivant.
– Tant que le ratio 0,62 n'est pas débordé à la hausse en clôture, on reste dans une phase de macro-correction technique. Pour moi, le ratio 0,62 définit le niveau d'équilibre (l'esthétique) du mouvement de baisse. Pour évoquer un retournement de tendance, ou plutôt un nouveau mouvement haussier difficile à invalider, il faut déborder le ratio d'or en clôture.
– Tant que le ratio 0,62 n'est pas franchi à la hausse en clôture, le mouvement de baisse d'origine peut reprendre ses droits à tout moment. Le cours pourrait revenir tester le point bas sans l'enfoncer (double appui possible, double creux, structure en fond), voire reprendre sa tendance baissière avec la mise en place de nouveaux points bas à la clef.
– Si la tendance baissière d'origine est très forte (les cours suivent majoritairement les bandes rouge ou

bleue, voir le paragraphe suivant), il y a une très forte probabilité de blocage des cours, au moins temporaire, contre le ratio 0,38. Une correction technique du mouvement de reprise pourra avoir lieu, voire la survenance de nouveaux points bas. Les personnes ayant agi à tort sur l'hypothèse d'un retournement de tendance se feront surprendre, pas nous !

– Je reviens sur l'importance du ratio d'esthétique en 0,62. C'est son débordement qui permet de faire le deuil de la tendance baissière d'origine (sur le graphique de la page précédente, il faudrait que Carrefour franchisse le niveau 25,16 € en clôture hebdomadaire, par exemple).

– On verra que, dans le phénomène de bulle spéculative, on exploitera un ratio supplémentaire de Gann en 0,75.

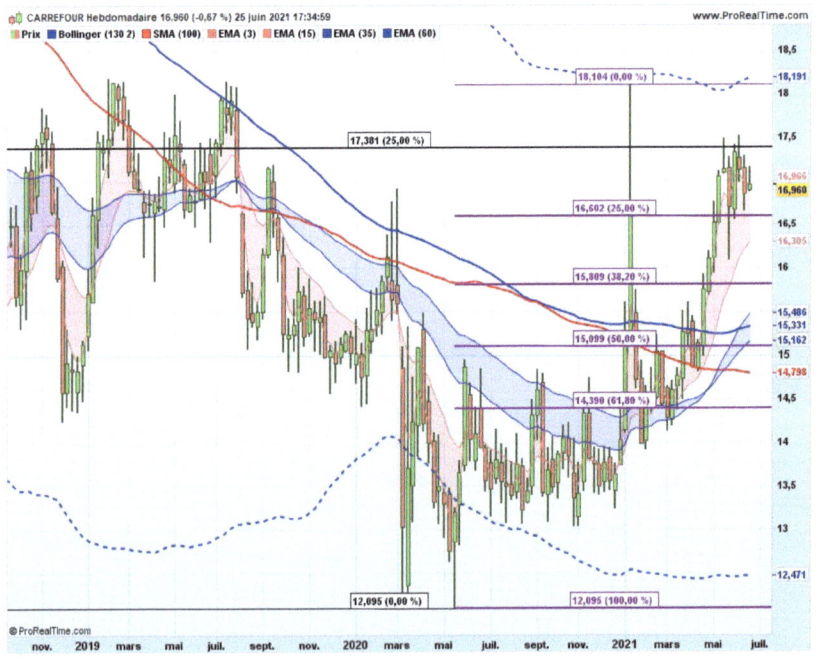

– Une fois le ratio de correction 0,25 (en noir) touché, on étudie maintenant la phase de microcorrection haussière. Pour cela, on trace une seconde série de ratios (en mauve sur le graphique ci-dessus).
– Si le ratio 0,62 (en mauve) est durablement rompu à la baisse, cette microcorrection est terminée avec une forte probabilité de retour vers 12,1 €, voire plus bas. C'était le cas dans notre exemple, mais quand il y a d'autres supports (comme ici la bande bleue, outil que l'on verra plus loin), il faut se montrer prudent et un peu patient pour être certain de la rupture du ratio 0,62 et de la bande bleue (le titre est très vite remonté quelques semaines plus tard).

– Quand le ratio 0,25 en noir sera débordé à la hausse et que les cours marqueront de nouveaux plus hauts, on ajustera nos ratios mauves sur ces nouveaux points hauts.
– Procéder ainsi permet d'automatiser sa pensée et son approche des marchés. On est davantage capable de mesurer les risques de ses interventions et d'avoir un cadre d'évolution avec des objectifs de hausse ou de correction, des niveaux d'invalidation, ce qui permet de bâtir plus facilement ses plans de trading et ses stratégies.
– On peut bien entendu utiliser d'autres outils, comme les droites de tendance horizontales ou les points pivots. Si un ratio est doublé d'un de ces outils, il prend un peu plus d'importance.

Vocabulaire utilisé, méthode

Je vais prendre en exemple un mouvement à l'origine baissier qui va microcorriger, macro-corriger et finir par se retourner. L'inverse est bien entendu modélisable de la même manière.

Pour procéder à des achats, on n'est évidemment pas forcé d'attendre le débordement du ratio 0,62 (retournement).
Et ce n'est pas non plus parce qu'on déborde le ratio 0,62 qu'il faut se précipiter à l'achat.
On peut décomposer ses interventions en trois grandes familles :

1 – L'achat d'anticipation
2 – L'achat technique
3 – L'achat de conviction

L'achat d'anticipation

Il se fait systématiquement sous le ratio 0,25, mais en observant quelques précautions.
Le meilleur exemple reste les structures en fond avec double appui, comme au graphique suivant.

On reprend en exemple l'action Carrefour : après avoir mis en place un point bas vers 12,1 €, le titre est remonté, puis a tenté de rebaisser, mais sans succès. Une ligne horizontale en pointillés a matérialisé un vrai support : lorsqu'elle a été testée au moins deux fois, on peut procéder à des achats d'anticipation au plus près de ces pointillés (à partir du pouce vert sur le graphique) avec un stop de protection sous le point bas à 12,1 €.

En fonction des outils que l'on utilise et de son niveau d'expertise, on aura bien sûr d'autres possibilités : fort support à proximité du point bas, divergence haussière, croisement de moyennes mobiles...

Le stop de protection est à placer sous le point bas du mouvement d'origine.

On a comme objectif le ratio 0,25, voire le ratio 0,38 (attention, celui-ci sera très bloquant si le mouvement de baisse principal a été très puissant).

Selon son niveau d'expertise, on peut bien entendu appliquer tout style de « money management » de sa position (règles de gestion de la position).

L'avantage d'un achat d'anticipation est une prise de position au plus près du point bas, avec quelques garanties de reprise. Si le marché remonte très fort et que l'on ne peut actionner l'achat technique dans de bonnes conditions (en renforçant sa position, par exemple), on a quand même une belle prise de position qui permet de parfaitement gérer la frustration d'avoir manqué l'achat technique.

L'achat technique

Il va souvent être localisé autour du débordement du ratio 0,25.

Selon les méthodes, il peut parfois intervenir sous le ratio 0.25. Ainsi, dans l'exemple de Carrefour, on avait selon ma méthode un premier signal d'achat technique lors du débordement des moyennes mobiles rouge et bleue vers 15,3 € (on les définira dans le paragraphe sur le setup SCD). Dans ce cas précis, le ratio 0,25 va être plus ou moins bloquant, et peut déjà servir d'objectif à une prise de profit. Sur le graphique, cela fait 6 mois que le ratio 0,25 bloque la hausse des cours.

Dans le cas où l'achat technique est localisé autour du ratio 0,25, il est bien d'ajouter un outil supplémentaire pour densifier la qualité de cet achat technique (débordement d'une résistance horizontale ou oblique, d'une moyenne mobile, croisement de moyennes mobiles, changement de tendance d'un indicateur, droite horizontale…)

On a comme objectif le ratio 0,38 (attention, celui-ci sera très bloquant si le mouvement de baisse principal a été très fort).

L'achat d'anticipation est très utile s'il précède un achat technique, car le prix d'achat moyen sera intéressant.

Le débordement du ratio 0,38 en clôture, qui se fera plus ou moins facilement, ouvrira la voie à une poursuite du mouvement vers 0,50, voire 0,62.

On peut également réaliser des ventes à découvert techniques contre les ratios 0,38, 0,5 et 0,62 (surtout si la tendance principale a été très baissière), mais avec un ou deux autres outils qui indiquent une probabilité de rechute des cours au moins temporaire (dans ces conditions, ce ne sont pas vraiment des ventes à contre-tendance, car on reste pour moi en macro-correction et donc toujours sous l'emprise du mouvement de baisse principale). On peut néanmoins soutenir que ce sont des ventes d'anticipation si l'on observe uniquement le mouvement de reprise, et qu'on ne tient compte que de lui. Si on envisage ces ventes à découvert par rapport au mouvement de baisse d'origine, ce sont alors des ventes à découvert techniques. C'est juste une question de vocabulaire à utiliser pour rester cohérent avec l'horizon de temps observé et travaillé.

L'achat de conviction

C'est bien entendu un achat technique, mais une fois qu'il est confirmé par trois outils techniques.
C'est votre degré d'expertise qui doit vous permettre de qualifier cet achat technique en achat de conviction : « une forte convergence de faisceaux techniques me donne une grande confiance dans la qualité et le potentiel de ce signal ».

Rappel sur la combinaison des ratios

Si on identifie une tendance baissière, on trace les ratios pour encadrer ce mouvement de baisse. Chaque nouveau point bas (ombre basse de la bougie) oblige à modifier le point d'arrivée pour le calcul des ratios.
À partir du moment où le ratio 0,25 est touché à la hausse après un mouvement de reprise, on peut commencer à tracer les ratios pour encadrer le mouvement haussier de microcorrection (point bas du grand mouvement de baisse et dernier point haut du mouvement de microcorrection). Si le ratio 0,25 est débordé, on retrace les ratios à chaque nouveau point haut (ombre haute de la bougie) au-delà de 0,25.
Un raisonnement simple suggère que si le ratio 0,62 du mouvement de microcorrection, ou de macro-correction, est rompu à la baisse, alors la probabilité de reprendre la tendance baissière principale est très forte.
En procédant ainsi, on a une lecture très objective, critique et précise de toutes les situations.

Pour les débutants en analyse graphique, c'est une façon de comprendre les mouvements, leurs implications, et de s'épargner de nombreuses années de recherches personnelles ; quant aux intermédiaires et aux experts, cela leur permet clairement d'affiner leur niveau d'expertise.

J'ai énormément utilisé cette approche lorsque j'étais administrateur de SICAV (entre 2010 et 2013). Cela m'a permis de très bien dormir lorsque j'étais amené à prendre des positions de plusieurs millions d'euros. Grâce à elle, nous avons battu sur 3 ans la performance du CAC40 de plus de 30 % (+19,5 % contre +15 % pour le CAC40). Nous avons collé à la performance du CAC40 et absorbé ainsi tous les frais de gestion. C'est rarement le cas quand il s'agit d'une SICAV « benchmarkée » sur un indice.

Comment gérer le cas du débordement du ratio 0,62 ?

Lorsque le ratio 0,62 est franchi à la hausse, on peut supprimer l'ensemble des ratios générés par le mouvement de baisse d'origine. Il reste simplement les ratios qui accompagnent ce mouvement de hausse et qui vont définir les mêmes concepts que nous avons vus précédemment mais de sens opposé. On peut travailler dans le sens du mouvement sur des micros ou macros-corrections techniques, guetter d'éventuelles ventes à découvert d'anticipation, et ainsi de suite. En cas de repli, et si le ratio de correction baissier 0,25 est touché, on trace les ratios pour encadrer la micro et macro-correction technique baissière (entre le point haut du mouvement de hausse et chaque nouveau point bas du mouvement correctif).

Conclusion

Depuis que j'utilise cette approche, ma vision des marchés a totalement changé. Je me sens bien plus à l'aise pour expliquer les mouvements et renforcer mes convictions stratégiques. Je conçois que cela exige un peu d'entraînement avant de devenir une simple gymnastique de l'esprit. Mais il serait vraiment dommage, à mon sens, de ne pas faire l'effort d'intégrer ce concept aux vôtres.

Cela vous évitera clairement des erreurs grossières, limitera beaucoup les décisions discrétionnaires dans vos analyses, élèvera votre niveau d'expertise et facilitera le processus de création de certitudes pour trader ou investir avec conviction : « Je peux me tromper, mais si j'utilise cette approche avec fidélité, j'aurai plus de satisfactions que d'échecs dans la durée. »

Ce paragraphe est à lui seul une méthode que l'on peut isoler au sein de ce livre. Ce sont de très nombreuses années de recherche que je vous livre en cet unique paragraphe.

J'espère sincèrement vous avoir convaincu de l'utilité de cette approche, ou au moins avoir suscité en vous l'envie de l'utiliser. On peut la mettre en application sur tous les actifs financiers (Indices, Forex, Cryptomonnaies, Actions, Matières Premières, Métaux précieux, CFD et ETF divers et variés…).

1–3 Les moyennes mobiles

Les moyennes mobiles permettent de lisser l'évolution des cours en faisant une moyenne sur une série de cours. On évoque le terme de filtrage numérique, apparu à partir des années 70. Il s'est largement déployé avec l'apparition des logiciels d'aide à la décision à partir des années 90.

Il existe plusieurs types de moyennes mobiles, dont les 4 principales sont les moyennes mobiles arithmétiques, pondérées, adaptatives, exponentielles. Je vais utiliser uniquement deux types de moyennes mobiles :
– Arithmétiques ou simples : les cours participant au calcul de la moyenne ont tous la même importance. Pour trouver par exemple la valeur d'une moyenne mobile arithmétique à 100 périodes, on additionne les 100 derniers cours, puis on divise par 100, ce qui donne sa valeur à l'instant T.
– Exponentielles : l'importance des cours composant la moyenne mobile diminue en fonction de leur ancienneté. On applique un coefficient à chaque valeur qui compose la moyenne mobile, celui-ci diminue avec l'ancienneté des cours. Indiquer la formule n'apporte rien : seule m'intéresse l'interprétation que nous verrons dans le paragraphe du SETUP SCD (bande rouge, bande bleue). Les bandes rouge et bleue seront délimitées par des moyennes mobiles exponentielles.

1-4 Les bandes de Bollinger

John Bollinger est le concepteur des bandes qui portent son nom. Ce sont des outils statistiques basés sur la loi normale (courbe de Gauss). Elles sont calculées à partir d'une moyenne mobile de cours moyens :

Cours Moyen = (plus haut + plus bas + cours de clôture)/3

On va définir les bandes de Bollinger de la manière suivante :

– La bande de Bollinger supérieure = correspond à la moyenne mobile des cours moyens + 2 écarts-types.
– La bande de Bollinger inférieure = la moyenne mobile des cours moyens - 2 écarts-types.

L'écart-type se calcule par une formule mathématique complexe, sans grand intérêt à retenir. Ce qu'il faut savoir, c'est qu'il mesure la volatilité des cours. La volatilité est l'écart entre le point haut et le point bas sur une période donnée.
Les bandes de Bollinger sont calculées automatiquement dans tous les logiciels d'analyse graphique.
Les bandes de Bollinger évoluent selon une loi normale : dans 90/95 % des cas, les cours évoluent entre les deux bandes. Dans 5/10 % des cas, ils évoluent à l'extérieur des bandes (au-dessus ou en dessous). Cela témoigne alors d'un fort mouvement de tendance.
Le comportement des bandes de Bollinger indique le type de volatilité du marché. J'ai classé ce comportement en 4 phases :
– **La phase 1** : Bandes horizontales = tendance nulle ou très faible (canal horizontal/range), pas toujours simple à travailler sans une approche bien structurée.

– **La phase 2** : Dilatation d'une bande ou des deux = augmentation plus ou moins forte de la volatilité, avec formation d'une tendance. Situations intéressantes, de nombreuses méthodologies permettent de travailler cette phase.

– **La phase 3** : Bandes formant un canal haussier ou baissier qui se met en place après une dilation de phase 2. Mouvement de tendance, avec une belle inertie haussière ou baissière parfois compliquée à invalider. Facile à travailler si cette phase dure, moins facile si elle est éphémère.

– **La phase 4** : Bandes en contraction = volatilité en baisse, correction du marché et surtout grande hésitation de la part des intervenants. C'est clairement la phase de marché la plus compliquée à travailler. C'est généralement la phase où beaucoup d'investisseurs particuliers reperdent l'argent acquis précédemment. Elle est indéniablement destructrice de valeur. Je vous conseille de ne pas chercher à la travailler. Vous éviterez ainsi plus de positions perdantes que gagnantes, même si certains signaux peuvent parfois sembler de bonne qualité.

Ces quatre phases des bandes de Bollinger rythment la vie de n'importe quel marché, les seules variables étant leur amplitude et leur durée. Ces constatations peuvent être faites sur tous les horizons de temps.

Le graphique qui suit illustre parfaitement ces phases.

© ProRealTime.com

John Bollinger travaille par défaut avec des moyennes à 20 périodes et deux écarts-types. J'ai volontairement déstructuré son approche dans tous mes SETUP graphiques. Je vais utiliser une moyenne mobile simple à 130 périodes, avec des bandes de Bollinger calculées sur cette moyenne mobile, toujours avec deux écarts-types.

Pour traquer les bulles, il faudra vérifier que les bandes de Bollinger soient bien en phase 2 ou 3. Cependant, j'amènerai une précision sur ce point dans la définition des bulles. Les phases 1 et 4 n'auront aucun intérêt dans la suite du livre.

1–5 Le SETUP SCD (bande rouge, bande bleue)

Le SETUP SCD (ou environnement graphique) est l'assemblage des outils vus précédemment. Il permet de suivre le modus operandi du prochain chapitre, pour traquer les bulles financières et leur éclatement. On peut également s'en servir pour mettre en place l'approche décrite précédemment avec les ratios de Fibonacci et de Gann.

Je l'utilise aussi bien pour analyser un marché, sur n'importe quelle période, que pour investir ou trader selon des protocoles particuliers.

© ProRealTime.com

Vous allez devoir paramétrer vos graphiques comme pour le graphique ci-dessus.

Voici la liste des différents paramètres en détail :

— Des chandeliers japonais.
— La bande SCD rouge est constituée dans ses limites externes par deux moyennes mobiles exponentielles de 3 et 15 périodes. On ajoutera un remplissage rouge

entre ces moyennes mobiles (possible avec le logiciel Prorealtime). Si vous utilisez par exemple MT4 ou d'autres plateformes, mettez des moyennes mobiles exponentielles à 3/5/7/9/11/13/15 périodes pour donner l'impression d'une bande rouge.

– La bande SCD bleue est constituée dans ses limites externes par deux moyennes mobiles exponentielles à 35 et 60 périodes. On ajoutera un remplissage bleu entre ces moyennes mobiles, ou, à défaut, on placera un faisceau de moyennes mobiles exponentielles à 35/39/43/48/52/56/60 périodes afin de mieux donner l'impression d'une bande bleue.

– Une bande de Bollinger à 130 périodes avec 2 écarts-types (l'affichage montre généralement la moyenne mobile simple à 130 périodes, ainsi que les bandes de Bollinger supérieure et inférieure). On affichera les bandes de Bollinger en pointillés bleus et la moyenne mobile 130 en bleu plein.

– Une moyenne mobile simple à 100 périodes (en rouge).

Cet environnement est assez simple à mettre en œuvre, et va se révéler d'une très grande richesse. On le verra maintenant en mixant les horizons de temps (4 h/journalier, hebdomadaire/mensuel). On traquera les bulles financières à l'aide des bandes bleue et rouge, associées à des situations de phase 2 et 3 sur les bandes de Bollinger.

Les moyennes mobiles à 100 et 130 périodes ne nous serviront pas pour le modèle qui va suivre, mais j'ai préféré les laisser pour la compatibilité avec mon livre sur le Scalping aux éditions Gualino. On leur trouvera d'autres usages lors d'un prochain ouvrage qui liera toutes mes techniques entre elles.

2 – Bulles, minikrachs et krachs : un système d'ondes

J'ai abordé précédemment tous les outils et leurs interprétations nécessaires pour identifier une bulle, suivre son évolution et ses conséquences plus ou moins dramatiques lors de son explosion. Il n'y a plus qu'à connaître la recette et à la suivre.

Beaucoup d'analystes, d'économistes et de gérants de fonds prétendent qu'un krach est, par définition, imprévisible. Je vais tenter de vous démontrer le contraire ici. Pour ma part, j'ai toujours trouvé ces phénomènes fascinants, car ils obéissent systématiquement à un comportement moutonnier, à un déni de la réalité, à une irrationalité par rapport à l'économie réelle, à une cupidité exacerbée et à cette capacité d'autodestruction qui est liée au sentiment de panique.

Le sommet d'une bulle est très difficile à prédire avec exactitude, l'excès terminal étant ce qu'il y a, à mon sens, de plus imprévisible.

En revanche, je vais vous apprendre à reconnaître le point précis qui provoquera le basculement de l'édifice, et la routine à appliquer pour suivre avec précision la façon dont il s'effondrera.

2-1 Un système d'ondes

Il faut imaginer un éclatement de bulle comme un système d'ondes de choc. Lorsqu'on jette une pierre au milieu d'un lac, des ondes concentriques s'éloignent du point d'impact à une fréquence et à une vitesse qui dépendent de la cinétique de la pierre au moment du choc à la surface de l'eau. Si la pierre n'est qu'un petit caillou sans grande vitesse initiale, il y a peu de chances que les ondes concentriques rejoignent les bords. S'il s'agit au contraire d'une pierre de plusieurs dizaines de kilos jetée à grande vélocité, les vagues parviendront jusqu'à la berge. La cinétique d'un éclatement de bulle obéit au même principe, c'est la force du mouvement initial qui propagera ou non la baisse à différents horizons de temps tels que 4 h/Journalier/Hebdomadaire/Mensuel. Mais cette cinétique n'est pas facile à bien jauger au départ. Il est difficile de bien mesurer si la puissance initiale aura assez de force pour amener la vague sur la berge, c'est-à-dire à l'horizon mensuel (le pire des scénarios). On contrôlera donc, au niveau de chaque horizon de temps, s'il existe un risque de propagation vers le suivant, ce qui permettra de mesurer précisément les dégâts potentiels.

2-2 Définition, classification et routine d'un éclatement de bulle

Nous rentrons maintenant dans le cœur du système, vous devez porter une attention toute particulière à la lecture des prochaines pages. N'hésitez pas à vous munir d'une feuille et d'un stylo pour dessiner l'enchaînement suivant, afin de commencer à bien visualiser la routine proposée.

Définition :
Pour faire simple, on utilise le terme de bulle sur n'importe quel actif financier dont :
    a) 30 bougies au moins sont au-dessus de la moyenne mobile exponentielle à 15 périodes, donc dans la bande rouge ou au-dessus.

b) les bandes de Bollinger sont en phase 2 ou 3 : pas nécessairement depuis l'origine de la bulle, mais au moins à partir de la 25e bougie.

Pour simplifier, quand je dirai maintenant 30 bougies dans la bande rouge, cela signifiera évidemment dans la bande rouge « ou au-dessus ».
Les bougies peuvent être indifféremment rouges ou vertes, peu importe, mais elles doivent être **consécutives**.
Si, avant la 30e bougie, une bougie clôture sous la bande rouge (c'est-à-dire sous la MME15), le décompte repart de zéro.
En revanche, les ombres et même un cours d'ouverture sous la bande rouge sont acceptés.
On étudie uniquement les horizons de temps 4 heures, journalier, hebdomadaire et mensuel. L'horizon de temps supérieur au 4 heures sera le journalier, celui supérieur au journalier sera l'hebdomadaire et enfin celui supérieur à l'hebdomadaire sera le mensuel.
Une vraie bulle financière engage toutes les catégories d'investisseurs, des traders aux boursicoteurs. En dessous de l'horizon de temps 4 heures, on risque d'avoir beaucoup moins d'intervenants, ce qui fragilise le modèle, car il exploite la psychologie de masse. Mais on peut quand même tester cette approche, qui offre une base de travail pour mesurer au moins les essoufflements de tendance quand les cours passent sous la bande rouge. Dans ces situations de bulle, pour des horizons de temps par exemple inférieurs au 4 h, cette approche sera sans doute plus intéressante que l'étude des indicateurs techniques (RSI/MACD…)

© ProRealTime.com

LVMH est dans une bulle spéculative en graphique hebdomadaire. Il y a 30 bougies dans la bande rouge (au-dessus de la MME15) entre les deux droites verticales. Même si on ne voit que la bande de Bollinger supérieure, on se doute qu'elle définit une phase 2 ou 3, surtout après la 15e bougie. La bulle spéculative perdure au moment où le graphique s'arrête.

Classification :
On classe les bulles et les krachs par niveau :
    Bulle de niveau 1 : 30 bougies dans la bande rouge 4 heures (4 h) + Bollinger en phase 2 ou 3
    Bulle de niveau 2 : 30 bougies dans la bande rouge journalière + Bollinger en phase 2 ou 3
    Bulle de niveau 3 : 30 bougies dans la bande rouge hebdomadaire + Bollinger en phase 2 ou 3

Bulle de niveau 4 : 30 bougies dans la bande rouge mensuelle + Bollinger en phase 2 ou 3
Les bulles qui conduiront aux plus grands krachs seront de niveau 3 et 4.

Routine d'éclatement :
Bulle généralisée (assez rare) : les 4 horizons de temps ont au moins 30 bougies dans leurs bandes rouges respectives (ou au-dessus). C'est le signe d'une longue et forte bulle, avec accélération probablement terminale, qui traduit un sentiment d'euphorie extrême (cela va continuer à monter, des objectifs farfelus sont annoncés, il y a un sentiment d'invulnérabilité total de la part de tous les opérateurs, c'est le nouvel Eldorado…).
Une clôture sous la bande rouge 4 h entame les hostilités et ouvre un potentiel de baisse, d'une probabilité de 80 %, vers le bas de la bande bleue 4 h, donc sur la moyenne mobile exponentielle à 60 périodes de 4 h. C'est clairement le début de l'éclatement de la bulle.
Il existe un lien étroit entre les différentes unités de temps pour jauger s'il y aura propagation ou pas de l'éclatement.
Le bas de la bande bleue 4 h correspond presque au bas de la bande rouge journalière. En situation de bulle, et sur tous les horizons de temps, le bas de la bande bleue d'une unité de temps est toujours situé un peu plus haut que le bas de la bande rouge de son unité immédiatement supérieure (plus longue). Plus ce décalage entre l'unité inférieure (plus courte) et l'unité supérieure (plus longue) est grand, plus la bulle est importante. C'est également une façon de jauger l'importance d'une bulle spéculative. On verra plus loin, sur le graphique de l'Ethereum, que le bas de la bande bleue journalière sera

proche de 1 400 alors que le bas de la bande rouge hebdomadaire sera aux environs de 1 200. Notez que l'écart, normalement plutôt minime, est ici important parce que la bulle initiale était forte.

Lorsque le bas de la bande bleue 4 h cède en clôture, ce n'est pas bon signe. Il y a une forte probabilité pour que la bande rouge journalière finisse elle aussi par céder. Mais on attend quand même que la bande rouge journalière cède, en clôture jour, pour pronostiquer 80 % de chance de descendre jusqu'au bas de la bande bleue journalière.

Si le bas de la bande bleue journalière cède à son tour, la probabilité est élevée pour que la bande rouge hebdomadaire cède aussi. Mais on attend une fois encore une clôture hebdomadaire sous la bande rouge pour avoir une probabilité de 80 % de descendre vers le bas de la bande bleue hebdomadaire.

Enfin, on continue à appliquer le même principe si la bande bleue hebdomadaire cède : on attend de voir si la bande rouge mensuelle cède en clôture mensuelle pour estimer qu'il y aura 80 % de chance pour que l'actif rejoigne le bas de la bande bleue mensuelle avec des conséquences très graves (baisse de plus de 55 % depuis le point haut de la bulle).

Je viens de décrire un éclatement généralisé de bulle sur les 4 horizons de temps. Cette situation est très exceptionnelle. Les probabilités sont plus importantes d'avoir affaire à une bulle sur trois, deux ou même un seul horizon de temps.

Souvent, les bulles se situent sur deux horizons de temps : le 4 h et le journalier, ou le journalier et l'hebdomadaire.

En fait, toutes les combinaisons sont théoriquement possibles. Il faut simplement prendre son temps. Après un très fort mouvement de hausse, affichez vos quatre unités de temps et notez toutes celles qui sont en situation de phase 2 ou 3 et qui ont au moins 30 bougies dans la bande rouge (ou au-dessus, bien sûr). Partant de là, suivez la routine d'éclatement sur les horizons de temps concernés. Vous aurez ainsi un véritable instrument de mesure pour identifier les éclatements, éviter de les subir et même en profiter (nous verrons cela plus loin).

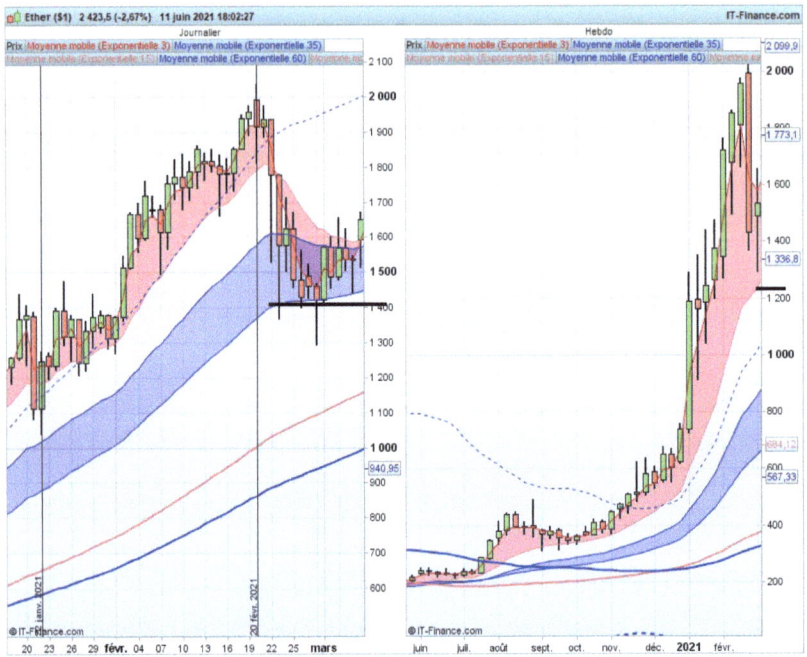

© ProRealTime.com

Cet exemple sur l'Ethereum de février 2021 est très intéressant et illustre parfaitement l'approche que je viens de décrire. Si vous comprenez bien les explications qui vont suivre, c'est que vous commencez déjà à maîtriser ma technique, qui m'a demandé plus d'une dizaine d'années pour sa conception.
Le graphique de droite est une bulle : on a bien 30 bougies dans la bande rouge et des Bollinger en phase 2. L'horizon étant hebdomadaire, il s'agit d'une bulle de niveau 3.

Sur le graphique journalier à gauche, on avait, avant l'éclatement de la bulle, une bulle de niveau 2 matérialisée par les deux droites verticales.

Avec la clôture sous la bande rouge journalière à 1 778 $ exactement, on pouvait dire qu'il y avait 80 % de chance de descendre tester le bas de la bande bleue, alors à 1 403 $: soit un potentiel de baisse de 21 % (on verra au paragraphe suivant que cela correspond à la norme de baisse et à un minikrach).

Allons plus loin dans l'analyse : l'Ethereum est bien allé tester le bas de la bande bleue journalière (MMEJ60), qui doit être proche du bas de la bande rouge hebdomadaire (MMEH15). Les deux lignes horizontales noires indiquent le bas de la bande bleue journalière et celle de la bande rouge hebdomadaire. L'énorme écart d'environ 12 % témoigne, comme je l'ai déjà indiqué, de l'importance de la bulle. J'ai déjà constaté des écarts allant de quelques pour cent à une bonne quinzaine pour les bulles les plus fortes observées.

Pour qu'une propagation de l'éclatement de la bulle sur l'hebdomadaire se produise, il aurait fallu une clôture sous la bande bleue journalière, puis obligatoirement sous la bande rouge en clôture hebdomadaire (clôture en fin de semaine obligatoire). Si tel avait été le cas, nous aurions eu 80 % de chance de descendre jusqu'au bas de la bande bleue hebdomadaire, avec à la clef un krach de niveau 1, comme on le verra par la suite.

Cela n'a pas été le cas, l'Éther a repris sa hausse et maintient sa bulle de niveau 3 (en attendant son éclatement). Si les cours devaient à nouveau s'installer durant 30 bougies ou plus dans la bande rouge journalière, cela réactiverait la bulle de niveau 2.

Si cela n'est pas clair dans votre esprit, je vous conseille de relire très attentivement les huit pages précédentes avant de passer à la suite.

2–3 Conséquences

On peut classer les éclatements de bulle ainsi :
Éclatement de niveau 1 : baisse de 5 à 15 % (selon les actifs) depuis le point haut. Correction technique de faible à forte : micro, voire macro-correction de mouvement de hausse d'origine incluant la bulle.
Éclatement de niveau 2 : baisse de 16 à 30 % depuis le point haut. Minikrach.
Éclatement de niveau 3 : baisse de 31 à 55 % depuis le point haut. Krach de niveau 1.
Éclatement de niveau 4 : baisse supérieure à 55 % depuis le point haut. Krach de niveau 2.

Pour vivre un éclatement de niveau 1 : il faut une clôture sous la bande rouge 4 heures et au moins 30 bougies dans celle-ci, + des Bollinger en phase 2 ou 3. Objectif : le bas de la bande bleue 4 heures.

Pour passer d'un éclatement de niveau 1 à 2 : il faut une clôture sous la bande rouge journalière et au moins 30 bougies dans celle-ci, + des Bollinger en phase 2 ou 3. Objectif : le bas de la bande bleue journalière.

Pour passer d'un éclatement de niveau 2 à 3 : il faut une clôture sous la bande rouge hebdomadaire et au moins 30 bougies dans celle-ci, + des Bollinger en phase 2 ou 3. Objectif : le bas de la bande bleue hebdomadaire.

Pour passer d'un éclatement de niveau 3 à 4 : il faut une clôture sous la bande rouge mensuelle et au moins 30 bougies dans celle-ci, + des Bollinger en phase 2 ou 3. Objectif : le bas de la bande bleue mensuelle.

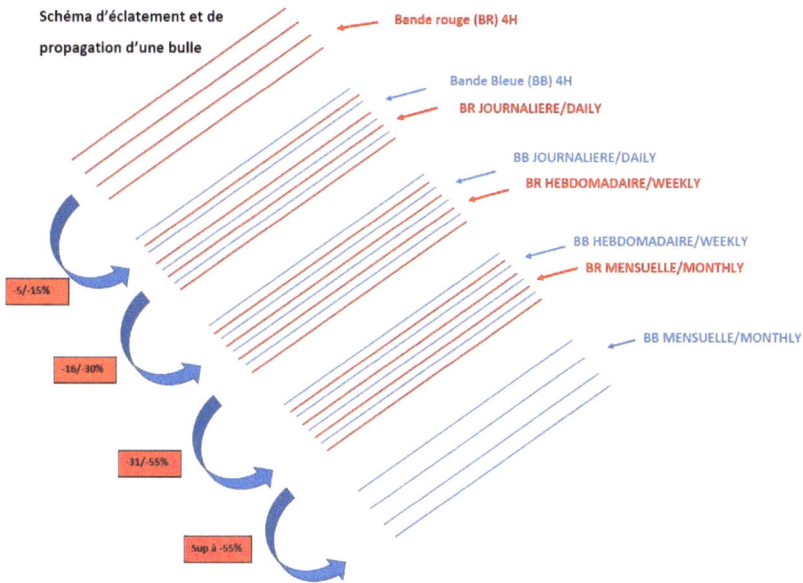

Le schéma ci-dessus résume tout ce qu'on a vu précédemment. Il suppose que les 4 horizons de temps forment une bulle (au moins 30 bougies dans ou au-dessus des bandes rouges 4 h/journalier/hebdomadaire/mensuel, et tous les horizons en phase 2 ou 3). La propagation de l'éclatement de la bulle d'un horizon à l'autre provoque des amplitudes de baisse relativement codifiées (cf. les moyennes de baisse indiquées dans les rectangles rouges sur le graphique ci-dessus. Attention, il s'agit de pourcentages de baisse moyens depuis le sommet de la bulle), mais qui peuvent bien entendu varier un peu selon les actifs ou certaines situations particulières que nous verrons dans les exemples.

Si l'onde de choc s'étend de la bande rouge 4 h au bas de la bande bleue mensuelle (MME60), la baisse de l'actif aura une très forte probabilité d'être supérieure à 55 %.

L'avantage de ce modèle est de pouvoir se sensibiliser rapidement à la notion de bulles spéculatives, de pouvoir

contrôler s'il y aura ou non propagation à des horizons de temps supérieurs, et de calculer les dégâts potentiels pour s'en prémunir, voire pour en profiter.
Si vous comprenez bien ce schéma, le modèle n'a presque plus de secret pour vous ! Là encore, n'allez pas plus loin pour le moment si vous avez du mal à bien concevoir ces enchaînements, et relisez attentivement le chapitre depuis le début (dessiner les enchaînements vous aidera).

2-4 Rappels et règles complémentaires

– Pour qu'il y ait «bulle spéculative», sur n'importe quel horizon de temps, il faut impérativement être en phase 2 (une bande des Bollinger au moins diverge) ou 3 (les bandes de Bollinger forment un canal).
– Lorsqu'on compte les bougies dans les bandes rouges (ou au-dessus), le marché doit impérativement être en phase 2 ou 3 à partir de la 25e bougie au moins.
– Que faire si ce n'est pas le cas ? Lors de l'éclatement de la bulle, la probabilité d'atteindre le bas de la bande bleue (MME60) diminue énormément, et la probabilité de 80 % est plutôt d'atteindre le haut de la bande bleue (la MME35).
– Après un éclatement de bulle, il n'est pas rare que les cours repartent à la hausse avant d'atteindre le bas de la bande bleue. Dans des cas extrêmes, ils peuvent même reprendre 75 % du terrain perdu entre le point haut de la bulle et le point bas après éclatement (ratio 0,75) avant d'aller chercher l'objectif de baisse.

– Il est important de tracer les ratios de Gann et de Fibonacci pour encadrer l'ensemble du mouvement de hausse spéculative (du point bas du mouvement de hausse, à gauche du graphique, au point haut avant l'éclatement, horizontales vertes sur le graphique ci-dessous). Je ne l'ai pas fait dans les exemples des prochaines pages pour ne pas gâcher la lisibilité.

Ces ratios peuvent fournir des informations complémentaires s'ils sont à proximité de niveaux techniques importants. Dans le graphique ci-dessous, par exemple, la bande bleue hebdomadaire est enchâssée entre les ratios 0,50 et 0,62. Le mouvement haussier du Bitcoin depuis mars 2020 deviendra caduc si la cryptomonnaie s'enfonce sous les 27 115 $.

© ProRealTime.com

– Dès l'éclatement constaté (et surtout dès que le ratio 0,25 est touché), il convient de tracer également les ratios de Gann et de Fibonacci entre le point haut de la bulle et chaque nouveau point bas après l'éclatement (en noir sur le graphique ci-dessous).

© ProRealTime.com

– Il est très important de comprendre que lors d'un éclatement de bulle (rupture de la MME15), le timing de baisse vers la bande bleue peut prendre différentes formes. La baisse peut être très rapide (en une semaine dans l'exemple sur le Bitcoin), d'autres fois elle prend plus de temps. Les cours peuvent éventuellement remonter dans la bande rouge et aller tester les ratios 0,25/0,38, voire remonter très fortement vers les ratios 0,5/0,62/0,75.

– Dans le cas spécifique d'une bulle, seul le débordement en clôture du ratio 0,75 (55 811 $ dans l'exemple du Bitcoin) invalide les 80 % de chance d'aller tester le bas de la bande bleue, c'est-à-dire la MME60.

– On verra plus loin quelques propositions stratégiques liées à ce modèle.

Voici un autre exemple sur le Nasdaq 100 en 2000.

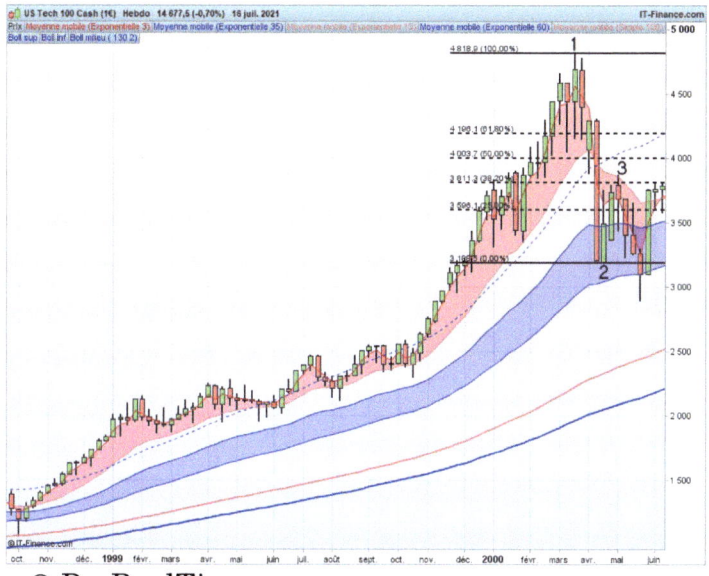

© ProRealTime.com

À la suite de l'éclatement de la bulle de niveau 3 en avril 2000 sur le Nasdaq 100, on pouvait tracer les ratios entre le sommet de la bulle (1) et le point bas de la première phase de baisse (2). Il y a eu un rebond technique qui s'est arrêté contre le ratio 0,38 (en 3 à 3 811 points). On pouvait déjà émettre l'hypothèse d'une rechute sur le bas de la bande bleue à 3 110 points, soit anticiper une nouvelle baisse de l'ordre de 18 %.

2–5 La vente à découvert

Mon modèle sert avant tout à détecter le plus tôt possible l'éclatement d'une bulle, évitant ainsi de se faire piéger par des phases de baisse allant de 5 % à 55 % et plus, ce qui handicaperait votre portefeuille des mois ou des années.

On a vu que le point haut d'une bulle était ce qu'il y avait de plus difficile à détecter : en effet, quand l'irrationalité et la cupidité s'emparent des investisseurs, les excès haussiers peuvent être surprenants, pour ne pas dire incroyables.

Mais mon modèle permet aussi, à titre subsidiaire, d'essayer de convertir des baisses en gains grâce à la vente à découvert.

La vente à découvert est une pratique marginale pour bon nombre d'investisseurs, mais il serait dommage de ne pas intégrer cette technique à votre panoplie.

Même si son emploi est somme toute assez simple, elle reste toujours un peu mystérieuse tant sur le plan pratique que sur le plan psychique.

En pratique, on commence par passer un ordre de vente, après quoi on devient débiteur d'une action, d'un CFD (Contract for Difference) ou d'un Future (contrat à terme). Notez que tous les produits financiers ne peuvent être vendus à découvert. On ne peut effectuer de vente à découvert au sein d'un PEA (Plan d'épargne par actions) ni vendre à découvert des SICAV (Société d'investissement à capital variable) ou des FCP (Fonds Commun de Placement).

On peut vendre à découvert dans les conditions suivantes :
– Avec un compte CFD : beaucoup de brokers proposent des CFD. Un CFD réplique à la perfection les variations de son sous-jacent. On a des CFD sur quasiment tous les produits : actions, indices, Forex, cryptomonnaies, matières premières industrielles et agricoles, métaux précieux, taux d'intérêt…

Fonctionnement : on passe par exemple un ordre de vente d'un CFD CAC40 (généralement à 10 € le point) à 6 600 points, car on anticipe une baisse. Le CAC40 baisse à 6 500 points. On rachète son CFD grâce à un ordre d'achat.

Le résultat est le même que si on l'avait acheté à 6 500 points et vendu à 6 600 points. On encaisse 100 points à 10 € le point. On a gagné 10*1 000=1 000 €, alors que le marché a baissé de 100 points.

L'avantage des CFD est qu'on peut les fractionner : on peut vendre 0,1 CFD CAC40 et donc travailler à 10*0,1= 1 € le point, par exemple.

En résumé, on peut vendre à découvert presque tous les produits financiers.

N'hésitez pas à vous rapprocher de vos chargés de clientèle, qui vous expliqueront plus en détail ces processus (que tout le monde peut maîtriser avec un peu de pratique).

– Avec un compte titre : uniquement les actions éligibles à la vente à découvert (principalement les grandes valeurs de la cote) et des ETF (Exchange-Traded Funds, même principe que le CFD, mais sur moins de produits). À vérifier avec votre courtier.

– Avec un compte Future : les Futures sont souvent utilisés par les gérants de fonds pour couvrir des positions actions. Ils s'en servent comme assurance pour protéger leurs positions en actions ou autres produits. On peut les utiliser pour spéculer et aussi les vendre à découvert, mais on a accès à un panel de produits plus limité. Les Futures sont généralement utilisés par des investisseurs professionnels très initiés.

2–6 Quelques propositions stratégiques

On est naturellement libre d'adapter mon modèle à sa stratégie, en fonction de son expérience sur les marchés financiers.

Certains parmi vous identifieront une bulle sur un actif qu'ils ont en portefeuille, et le vendront quand le modèle le préconisera. On verra dans les pages suivantes qu'en suivant simplement cette stratégie, on aurait évité les krachs des indices actions de 2000 et 2008, ou les krachs sur le Bitcoin de 2017 et 2021, en conservant une bonne partie de ses gains ou en subissant des pertes très limitées.

Ce modèle est déjà fabuleux pour les personnes qui ont une très forte aversion au risque. Il permet de prendre conscience d'un risque (une bulle) de façon précise, et d'en prévenir les conséquences parfois dramatiques (à savoir l'explosion et le dégonflement de la bulle).

Pour qui cherche à optimiser la baisse qui suit les éclatements de bulles, voici quelques observations et des propositions stratégiques pouvant s'avérer utiles :

– 1re observation : lorsqu'une bulle éclate (rupture en clôture de la bande rouge, donc de la MME15), il y a 80 % de chance pour que les cours aillent tester le bas de la bande bleue (MME60). Cependant, le timing et la forme de la baisse sont à géométrie variable. L'actif peut rejoindre rapidement son objectif, mais il peut tout aussi bien passer par une phase de consolidation haussière qui peut le ramener dans la bande rouge avant de rechuter plus ou moins violemment. Il faut absolument avoir conscience de ce phénomène.

– 2e observation : les ratios de Gann et de Fibonacci tracés entre le sommet de la bulle et le point bas après éclatement sont très utiles. Une première prise de position est possible en vente à découvert en cas de rupture à la baisse de la bande rouge (idéalement au plus près de celle-ci). S'il y a une correction technique haussière, celle-ci déborde souvent le ratio 0,25. On peut compléter la position de vente à découvert à partir du ratio 0,38 si on constate un blocage sur celui-ci. On peut faire de même sur 0,5/0,62 et même 0,75. Ce ratio un peu exceptionnel est parfois atteint après un éclatement de bulle, sans pour autant perdre la probabilité de rechute dans le bas de la bande bleue.

Toutes ces prises de position doivent se faire dans un bon respect de money management de la position et surtout du capital (je ne veux pas perdre plus de X % de mon capital sur cette position : selon votre degré d'expérience, de 0,5 à quelques pour cent).

Une clôture au-dessus du ratio 0,75 rend l'éclatement de la bulle caduc (stop de protection juste au-dessus de ce niveau).

– 3e observation : la règle sur le ratio 0,75 fonctionne uniquement pour des éclatements de bulle de type 1 et 2. Pour les éclatements de type 3 et 4, on revient à l'analyse standard des ratios : on observe les micro et macrocorrections classiques, avec invalidation du mouvement de baisse au-dessus de 0,62.

2-7 Le modèle fonctionne-t-il à la hausse ?

Cela peut paraître plus étonnant, mais le modèle fonctionne exactement de la même manière pour identifier une bulle baissière, qui conduira à une correction haussière, à un minikrach à la hausse, ou à un krach haussier de niveau 1 ou 2. On adaptera simplement le vocabulaire utilisé, c'est-à-dire les termes employés, à cause d'une différence notable : on baisse bien plus vite qu'on ne monte sur les marchés, selon le postulat ancestral que le vieil adage « en Bourse, on monte par l'escalier et on descend par l'ascenseur » illustre parfaitement. À la place d'une correction, d'un minikrach ou d'un krach de niveau 1 ou 2 à la hausse, on évoquera plutôt des reprises de niveau 1/2/3/4 selon si nous sommes sur des graphiques 4 h, journalier, hebdomadaire ou mensuel.

Je vais illustrer cela avec la crise de 1929. D'octobre 1929 à mars 1932, il y a 30 bougies dans ou sous la bande rouge mensuelle (c'est-à-dire sous la MME15) : on peut donc raisonnablement penser que l'indice est en phase 2 ou 3, même si les bandes de Bollinger n'apparaissent pas, faute d'un historique suffisant. Il y a un éclatement de la bulle à la hausse en avril 1933, lors de la clôture au-dessus de la bande rouge mensuelle à 73 $. Il y a alors 80 % de chance pour que les cours reviennent en haut de la bande bleue (MME60). Le potentiel de hausse diminue avec le temps qui passe, car la bande bleue continue de baisser un peu chaque mois. La bande bleue a été touchée à 137 $ en octobre 1935. La reprise de niveau 4 a donc été de +87 %.

Ce timing d'achat donné par le modèle aurait été fondamental pour les investisseurs et surtout les gérants de fonds de l'époque, qui s'assuraient ainsi une très forte probabilité de reprise durable des cours.

Je vais m'intéresser à un autre exemple, qu'illustrera l'action du constructeur automobile Renault.

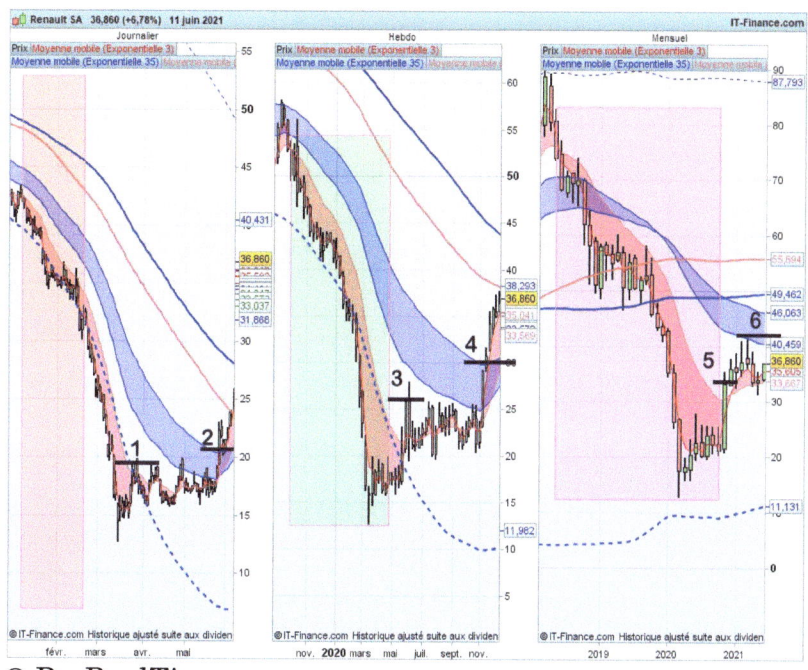

© ProRealTime.com

On a sous les yeux une bulle baissière de niveaux 2/3/4. Le modèle va conduire à un début d'éclatement de bulle à 18 € (1 sur le graphique), sa propagation nous conduira jusqu'à 40 € (6 sur le graphique).

Je vais analyser le graphique de gauche à droite : le rectangle orange met en évidence une bulle baissière journalière, qui éclate en 1 (clôture au-dessus de la MME15) pour un objectif en 2 (MME60) avec une probabilité de 80 %. C'est une reprise de niveau 2 (sur un horizon journalier).

Le rectangle vert met en évidence une bulle baissière hebdomadaire, qui éclate en 3 (clôture au-dessus de la MME15) pour un objectif en 4 (MME60) avec une probabilité de 80 %. C'est une reprise de niveau 3 (sur un horizon hebdomadaire).

Le rectangle rose met en évidence une bulle baissière mensuelle, qui éclate en 5 (clôture au-dessus de la MME15) pour un objectif en 6 (MME30). C'est une reprise édulcorée de niveau 4 (horizon mensuel).

Pourquoi l'objectif en 6 n'est-il pas sur la MME60 (haut de la bande bleue), selon le modèle ?

Tout simplement parce que les bandes de Bollinger mensuelles ne sont pas en phase 2 ou 3, mais en phase 1. Dans un premier temps, on va donc prendre comme objectif la MME30 et non la MME60.

On a vu une bulle de niveaux 2/3/4 avec propagation de l'horizon du plus petit (journalier) au plus grand (mensuel) en suivant le modèle. Sur le graphique, les relations entre les trois horizons se font de 2 à 3, puis de 4 à 5.

La bande bleue journalière correspond à peu près à la bande rouge hebdomadaire, et la bande bleue hebdomadaire correspond environ à la bande rouge mensuelle.

On a divers points d'entrée, selon le modèle :

Sur le journalier entre 18 et 16 €, pour un objectif à 20 €, puis sur le graphique hebdomadaire entre 25 et 20 €, pour un objectif à 30 €, et enfin sur le mensuel à 33 €, pour un objectif à 40 € entre mars 2020 et début 2021.

Rappelez-vous le contexte de mars 2020, en pleine débâcle sur les marchés financiers en raison de la crise du Covid-19. Le modèle permet de revenir très tôt à l'achat sur le titre Renault (alors que ni les analystes ni les gérants de fonds ne voulaient acheter à ce moment-là). Beaucoup d'autres valeurs étaient dans une situation identique à l'époque.

Intéressons-nous maintenant à la forte baisse des marchés, quand la crise sanitaire a commencé à se propager hors de Chine en février 2020. Nous allons étudier l'action TOTAL, sachant qu'à cette époque, les prix du brut avaient fortement chuté, eux aussi.

© ProRealTime.com

On peut identifier une bulle spéculative à la baisse, matérialisée entre les deux lignes verticales. Même s'il n'y a pas eu de phase 2 ou 3 à partir de la 25e bougie, la forte chute et la grande dilatation des bandes de Bollinger après la 30e bougie compensent ce déficit de départ (dans ce type de cas, on applique une règle de bon sens). Lors de la clôture au-dessus de la bande rouge, la probabilité était forte de remonter au moins contre la MME35, voire la MME60. C'est ce qui s'est produit. L'avantage de tracer les ratios de Gann et de Fibonacci (horizontales vertes sur le graphique) est de donner des indications et des repères supplémentaires. La bande rouge a été débordée en même temps que le ratio 0,25. On pouvait s'attendre à une première hausse sur le ratio 0,38 (avec un point de blocage prévisible contre ce niveau, compte tenu de la très puissante baisse précédente). On pouvait aussi s'attendre ensuite à une forte probabilité de hausse dans la bande bleue, qui englobe complètement le ratio 0,5 avec le ratio 0,62 juste au-dessus d'elle. Il aurait fallu un débordement du ratio 0,62 pour stopper l'élan baissier de la tendance de janvier à mi-mars. Ce ratio 0,62 a été testé 3 fois sans pouvoir être débordé à la hausse, ce qui a conduit à une reprise de la tendance baissière.

Ce modèle, combiné aux ratios, offre ainsi des prévisions et des objectifs de grande qualité.

Je n'ai pas tracé les ratios permettant de suivre la micro et la macrocorrection haussières, pour ne pas surcharger le graphique. J'aurais dû le faire dès que le ratio 0,25 a été touché, en partant du point bas à 18,78 € et déplaçant ces ratios sur chaque nouveau point haut. Ceci afin d'interpréter la qualité et la solidité de la reprise.

2–8 Tableaux récapitulatifs et synthèse des actions à mener

Quand on constate une longue et forte hausse ou (baisse) sur un actif, certaines actions sont impératives. Elles sont décrites dans cet ouvrage, mais la synthèse qui suit permettra au lecteur de les retrouver plus facilement.

LORS D'UNE FORTE HAUSSE
CAS GÉNÉRAL

1) **J'encadre la hausse en traçant les ratios 0,25/0,38/0,50/0,62**, à partir du point le plus bas du mouvement jusqu'à son point le plus haut. À chaque nouvelle hausse, je retrace ces ratios.

2) **En se plaçant en clôture** de l'unité de temps étudiée :
    * **0,25 n'est pas franchi à la baisse** = microcorrection avec possibilité de reprise de la hausse

* **0,25 est franchi à la baisse** = macro-correction avec potentiel de baisse sur 0,38, 0,50 et 0,62. Si le mouvement de hausse initial a été fort, 0,38 peut être bloquant

* **0,62 est franchi à la baisse** = le mouvement de hausse initial a peu de chances de reprendre.

Pour les stratégies possibles, se reporter aux paragraphes sur les achats d'anticipation, techniques et de conviction.

EN CAS DE BULLE HAUSSIÈRE

3) **Je vérifie simultanément l'existence d'une bulle en période de temps 4 h.** Pour cela, je constate s'il y a :
– 30 bougies au moins au-dessus de la MME15
– Des Bollinger en phase 2 ou 3 depuis la 25e bougie au moins.

4) **En cas de bulle, j'en surveille l'éclatement**, c'est-à-dire une clôture sous la bande rouge 4 h (MME 15). **L'objectif est le bas de la bande bleue 4 h** (MME60), avec une probabilité de 80 %, mais on s'aidera des ratios de Gann/Fibonacci pour vérifier le comportement de l'éclatement.

5) **Pour cela, je trace les ratios :**
0.25/0,38/0,50/0,62/075, à partir du point haut de la bulle sur tout nouveau point bas après éclatement. Une remontée vers les ratios 0,38, 0,50, voire 0,62 et 0,75, peut inciter à une vente à découvert, tandis qu'**une clôture au-dessus de 0,75 rend l'éclatement de la bulle caduc** (sauf sur une bulle hebdomadaire ou mensuelle). Un nouveau décompte débute alors pour établir une éventuelle nouvelle bulle haussière.

6) **Je vérifie simultanément si la bulle s'est propagée vers le niveau supérieur**, à savoir l'horizon de temps journalier. Dans cette hypothèse, j'applique la même routine (tout en vérifiant les horizons supérieurs : hebdomadaire, puis mensuel).

Voici un tableau récapitulatif pour une bulle baissière :

TABLEAU RÉCAPITULATIF D'UNE BULLE HAUSSIÈRE				
RATIOS				
Fibonacci	0,38	0,62		
Gann	0,25	0,5	0,75	
BANDES DE BOLLINGER				
Bollinger en phase 2 : dilatation d'au moins une bande				
Bollinger en phase 3 : bandes formant un canal (haussier ou baissier)				
BULLE HAUSSIÈRE				
30 bougies au moins > à la MME 15 (clôture des bougies dans la bande rouge ou au-dessus)				
Bandes de Bollinger en phase 2 ou 3 (à partir de la 25ᵉ bougie au moins)				
NIVEAU DE BULLE				
Bulle de niveau 1 : graphique 4H				
Bulle de niveau 2 : graphique journalier				
Bulle de niveau 3 : graphique hebdomadaire				
Bulle de niveau 4 : graphique mensuel				
ÉCLATEMENT DE BULLE À LA BAISSE				
Éclatement de niveau 1 : graphique 4H. Rupture en clôture de la MME15. Correction (-5 à -15%)				
Éclatement de niveau 2 : graphique Jour. Rupture en clôture de la MME15. Mini-krach (-16 à -30%)				
Éclatement de niveau 3 : graphique Hebdo. Rupture en clôture de la MME15. Krach de niveau 1 (-31 à -55%)				
Éclatement de niveau 4 : graphique Mensuel. Rupture en clôture de la MME15. Krach de niveau 2 (>- 55%)				

LORS D'UNE FORTE BAISSE
CAS GÉNÉRAL

1) **J'encadre la baisse en traçant les ratios 0,25/0,38/0,50/0,62**, à partir du point le plus haut du mouvement jusqu'à son point le plus bas. À chaque nouvelle baisse, je retrace ces ratios.

2) **En se plaçant en clôture** de l'unité de temps étudiée :

* **0,25 n'est pas franchi à la hausse** = microcorrection avec possibilité de reprise de la baisse

* **0,25 est franchi à la hausse** = macrocorrection, potentiel de hausse sur 0,38, 0,50 et 0,62. Si le mouvement de baisse initial a été fort, 0,38 peut être bloquant

* **0,62 est franchi à la hausse** = le mouvement de baisse initial a peu de chances de reprendre.

Pour les stratégies possibles, se reporter aux paragraphes sur les achats d'anticipation, techniques et de conviction.

EN CAS DE BULLE BAISSIÈRE

3) **Je vérifie simultanément si une bulle s'est formée** en période de temps 4 h

4) **Je surveille l'éclatement de la bulle**, c'est-à-dire une clôture au-dessus de la bande rouge 4 h (MME15). **L'objectif est le haut de la bande bleue 4 h** (MME60), avec une probabilité de 80 %, mais on s'aide des ratios de Gann/Fibonacci pour vérifier le comportement de l'éclatement.

5) **Pour cela, je trace les ratios :**
0.25/0,38/0,50/0,62/075 à partir du point bas de la bulle sur tout nouveau point haut après éclatement. Un repli vers les ratios 0,38, 0,50, voire 0,62 et 0,75, peut inciter à un achat tandis qu'**une clôture au-dessous de 0,75 rend l'éclatement de la bulle caduc**. Un nouveau décompte débute alors pour établir une éventuelle nouvelle bulle baissière.

6) **Je vérifie simultanément si la bulle s'est propagée vers le niveau supérieur**, à savoir l'horizon de temps journalier. Dans cette hypothèse, j'applique la même routine (tout en vérifiant les horizons supérieurs : hebdomadaire et mensuel).

Voici un tableau récapitulatif pour une bulle baissière :

TABLEAU RÉCAPITULATIF D'UNE BULLE BAISSIÈRE				
RATIOS				
Fibonacci	0,38	0,62		
Gann	0,25	0,5	0,75	
BANDES DE BOLLINGER				
Bollinger en phase 2 : dilatation d'au moins une bande				
Bollinger en phase 3 : bandes formant un canal (haussier ou baissier)				
BULLE BAISSIÈRE				
30 bougies au moins < à la MME 15 (clôture des bougies dans ou sous la bande rouge)				
Bandes de Bollinger en phase 2 ou 3 (à partir de la 25e bougie au moins)				
NIVEAU DE BULLE				
Bulle de niveau 1 : graphique 4H				
Bulle de niveau 2 : graphique journalier				
Bulle de niveau 3 : graphique hebdomadaire				
Bulle de niveau 4 : graphique mensuel				
ÉCLATEMENT DE BULLE À LA HAUSSE				
Reprise de niveau 1 : graphique 4H. Débordement en clôture de la MME15.				
Reprise de niveau 2 : graphique Jour. Débordement en clôture de la MME15.				
Reprise de niveau 3 : graphique Hebdo. Débordement en clôture de la MME15.				
Reprise de niveau 4 : graphique Mensuel. Débordement en clôture de la MME15.				

3 – Mise en application, exemples

3–1 Le krach de 1929

Les historiques de cours sur le Dow Jones sont incomplets pour bien analyser le krach de 1929. On ne peut pas vérifier si l'éclatement de la bulle spéculative a été de niveau 1,2 ou/et 3. Il faudrait des graphiques remontant au moins jusqu'en 1926 pour afficher toutes les unités de temps et les bandes de couleur, or l'historique sur mon logiciel ne commence que fin 1928. Mais en extrapolant les bandes rouge et bleue sur un graphique mensuel, avec la folle ascension des cours depuis 1920, on peut raisonnablement émettre deux hypothèses.

La première hypothèse (extrapolation des bandes de couleur sur le graphique ci-dessus) : je pense qu'il y a près de 60 % de chance pour que la bulle de niveau 4 ait éclaté vers 275 $, à la clôture du mois d'octobre 1929. Dans cette hypothèse, on pouvait donc estimer qu'il y avait 80 % de chance pour que l'indice descende dans les profondeurs de la bande bleue, vers 155 $. Soit un potentiel de baisse supplémentaire de 43 %. Le Dow Jones a atteint cet objectif. C'est un krach de niveau 2 avec une baisse de 60 % de l'indice entre son point haut d'octobre 1929 et son point bas de fin 1930. La puissante crise économique des années 1930 à 1932 fera encore plonger le Dow Jones jusqu'à 40 $. La rupture de la bande bleue mensuelle n'était pas du tout bon signe, en effet.

La seconde hypothèse (extrapolation des bandes de couleur sur le graphique ci-dessus) : toujours selon moi, il y a environ 40 % de chance pour que la bulle de niveau 4 ait éclaté à la clôture du mois de juin 1930, à 226 $. On pouvait donc estimer qu'il y avait 80 % de chance pour que l'indice descende vers le bas de la bande bleue, probablement situé alors à 120 $. Soit un potentiel de baisse supplémentaire de 47 %. Dans ces conditions également, c'est un krach de niveau 2, avec une baisse de 69 % depuis le sommet de 1929. La rupture de la bande bleue mensuelle voit encore les cours être divisés par 3 jusqu'à 1932. De toute l'histoire moderne des marchés financiers, c'est le krach de niveau 2 (il est même au-delà de ce niveau) le plus dévastateur. Il aurait été intéressant d'expertiser le graphique trimestriel pour voir si l'on pouvait en tirer quelques informations supplémentaires.

3-2 Le krach de 2000

Le krach de 2000, c'est-à-dire l'éclatement de la bulle Internet, a principalement eu lieu sur les actions liées à ce secteur, mais aussi sur le Nasdaq 100 par contamination. On peut s'entraîner sur un grand nombre de valeurs de Nasdaq 100 de l'époque et se rendre compte une fois encore de la pertinence du modèle.

Prenons simplement Apple en exemple, avant de nous intéresser au Nasdaq 100.

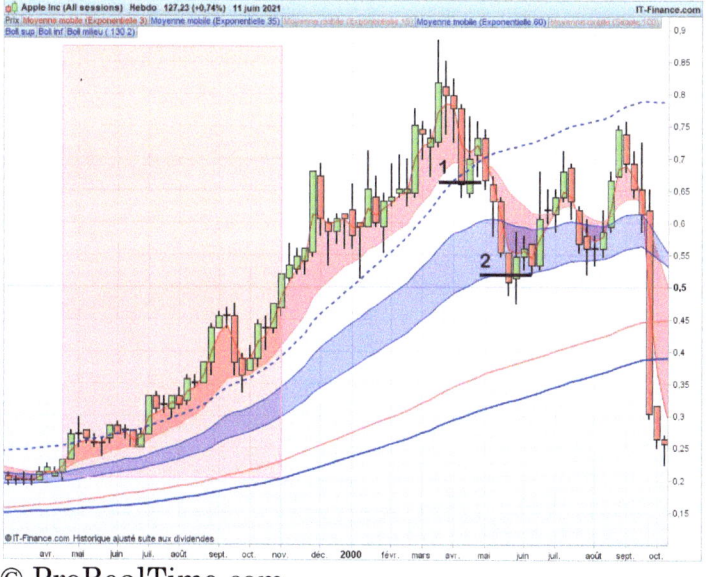

© ProRealTime.com

Entre avril 1999 et novembre 1999, le graphique hebdomadaire met en évidence une bulle de niveau 3, qui éclate en 1 (clôture sous la MME15 à 0,66 $ le 10/04/2000) pour un objectif en 2 (MME60 à 0,52 $) avec une probabilité de 80 %. Le 10 avril, on peut donc pronostiquer une baisse à venir de 21 %. Apple a atteint cet objectif le 22/05/2000 en confirmant ainsi un krach de niveau 1, avec une baisse de 41 % depuis le sommet du 20/03/2000 à 0,88 $.

Intéressons-nous maintenant au krach sur les indices. Examinons la particularité de ce krach et l'éclatement de bulles, surtout de niveau 3 et 4, avec un accessit particulier pour le roi de l'époque : le Nasdaq 100. Sur d'autres indices tels que le Dax ou le CAC40, il manquait parfois quelques bougies sur le mensuel ou l'hebdomadaire pour mettre de vraies bulles spéculatives en évidence. En pronostiquant une forte baisse sur le Nasdaq, on pouvait néanmoins se douter que cela ferait aussi des dégâts sur les marchés européens et même mondiaux.

© ProRealTime.com

Le rectangle orange caractérise une bulle hebdomadaire qui éclate en 1 (clôture sous la MME15 à 3 207 $ le 10/04/2000), pour un objectif en 4 (MME60 à 3 103 $) avec une probabilité de 80 %. La bougie hebdomadaire, très impulsive, a clôturé dans la bande bleue ce qui théoriquement réduit le potentiel de baisse. En pratique, il était inopportun de vendre à 3 207 $, le marché étant déjà trop proche du bas de la bande bleue. Comme nous l'avons vu au paragraphe 2 – 4, les cours ne sont pas obligés de chuter immédiatement vers le bas de la bande bleue. Le marché peut tout à fait retracer selon les ratios de Fibonacci et de Gann. J'ai déjà dit que si la clôture sous la bande rouge était trop éloignée de celle-ci, on pouvait attendre une correction sur les ratios 0,38/0,5/0,618, voire 0,75, pour prendre des positions de vente sur ces niveaux.

En l'occurrence, une correction a eu lieu, dans cet exemple, et s'est arrêtée contre le ratio 0,38 (3 811 points) avant que le marché obéisse à la routine et aille tester le bas de la bande bleue. Comme la baisse était très impulsive depuis le point haut à 4 815 points, on pouvait se douter que le ratio 0,38 allait être particulièrement compliqué à déborder.

Je n'ai pas affiché les ratios pour ne pas surcharger le graphique, mais on retrouvera l'explication, avec cet exemple, à la fin du paragraphe 2 – 4.

À 3 811 points, on pouvait donc pronostiquer, toujours avec une probabilité de 80 %, une baisse sur la MME60 à 3 110 $, soit -18 %. La baisse depuis le sommet aura été de -35 %, obéissant à la baisse d'un éclatement de niveau 3, c'est-à-dire un krach de niveau 1 (pour mémoire : rupture de la bande rouge sur un graphique hebdomadaire).

Le rectangle vert met en évidence une bulle mensuelle, qui éclatera beaucoup plus tard en 3 (clôture en octobre 2000 sous la MME15 à 3 282 $) pour un objectif en 4 (MME60 à 2 018 $, atteint en janvier 2001). En octobre 2000, on pouvait prédire une baisse de 38 % avec une probabilité de réussite de 80 %. C'est un éclatement de bulle de niveau 4, soit un krach de niveau 2 avec une baisse de plus de 58 % depuis le point haut. Cela obéit une fois de plus au modèle.

Je viens de vous décrire des éclatements de bulle de niveaux 3 et 4 conduisant à des krachs de niveaux 1 et 2. La relation entre les deux horizons de temps se fait en 2B/3, quand la bande bleue hebdomadaire et la bande rouge mensuelle cèdent respectivement en clôtures hebdomadaire et mensuelle.

3-3 Le krach de 2008

La crise des « subprimes » aux États-Unis, qui a conduit à un krach planétaire, respecte le modèle mais suit une bulle de niveau 4, avec deux singularités que l'on verra plus loin. Ce n'est pas une bulle considérable comme en 1929/2000 sur les marchés d'actions ou comme sur le Bitcoin en 2017 et 2021. C'est probablement la proximité temporelle avec le krach de 2000 qui lui confère cette forme un peu atypique. L'absence de bulles sur des bases de temps inférieures a également limité la bulle de niveau 4 presque à sa plus simple expression. Voici la description de cette bulle sur l'indice Dow Jones :

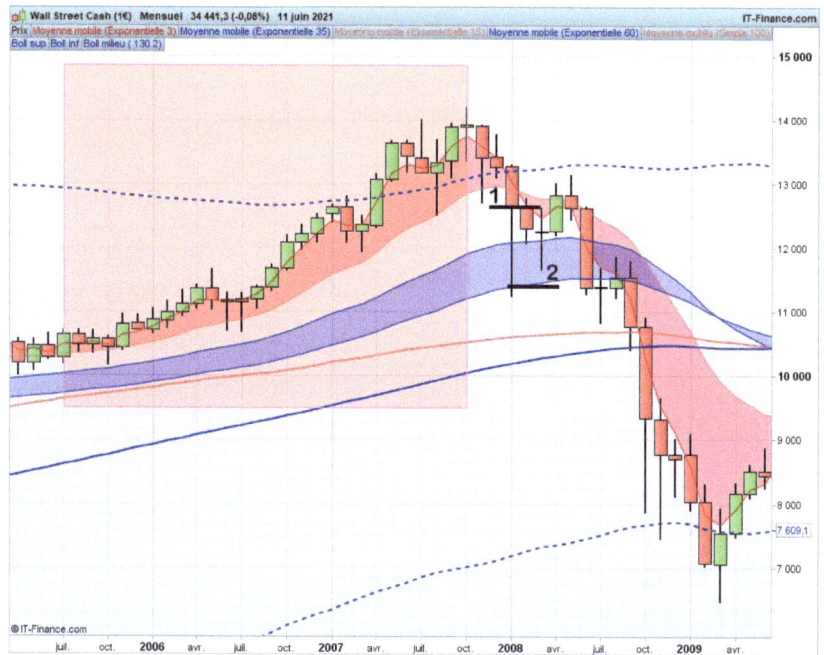

© ProRealTime.com

Le rectangle orange met en évidence une bulle mensuelle (on a à peine plus de 30 bougies dans et au-dessus de la bande rouge mensuelle). Cette bulle éclate en 1 (clôture mensuelle en janvier 2008 sous la MME15 à 12 626 points) pour un objectif en 2 (MME60 à 11 388 points). Première singularité : au cours du mois de janvier 2008, l'indice est venu toucher le bas de la bande bleue mensuelle, avant de rebondir et clôturer sous la bande rouge. La probabilité de revenir dans le bas de la bande bleue était toujours de 80 %. À la clôture de janvier, on a encore une très forte probabilité d'une baisse de 10 %. Le bas de la bande bleue a été à nouveau touché en juin 2008.

La seconde singularité reste la baisse excessivement faible pour un éclatement de bulle de niveau 4 (généralement supérieure à 55 % quand on touche le bas de la bande bleue mensuelle). Dans cette situation, elle n'a été que de 20 % entre le point haut de la bulle et le bas de la bande bleue mensuelle.

C'est la rupture de la bande bleue mensuelle qui a provoqué un nouvel effondrement, avec une baisse de 55 % du point haut de 2007 au point bas de 2009.

On pourrait considérer que le modèle est un échec dans cette situation, mais pas du tout : il disait qu'il fallait sortir du marché à 12 626 points, soit 11 % sous le point haut. Combien ont encaissé une perte de 55 % par la suite ?
L'utilisation des ratios de Gann et de Fibonacci aurait été instructive, comme indiqué dans la synthèse du paragraphe 2 – 8.

3–4 Le krach du Bitcoin de 2017

Le premier krach sur le Bitcoin est vraiment très intéressant : il démontre que le modèle fonctionne également très bien, même sur un marché non régulé (à l'encontre des marchés d'actions, d'indices ou du Forex). C'est bien la psychologie des investisseurs qui légitime en très grande partie ce modèle.

Nous allons voir que l'éclatement de la bulle sur la cryptomonnaie, et sa propagation, constitue un cas d'école.
Le point haut du 17 décembre 2017 sur le Bitcoin était juste en dessous des 20 000 $. Le début de l'éclatement de la bulle a eu lieu le 21 décembre 2017 à 15 651 $, pour s'achever sur un krach de niveau 2 à 3 485 $ en novembre 2018. Soit une baisse de 82 %.

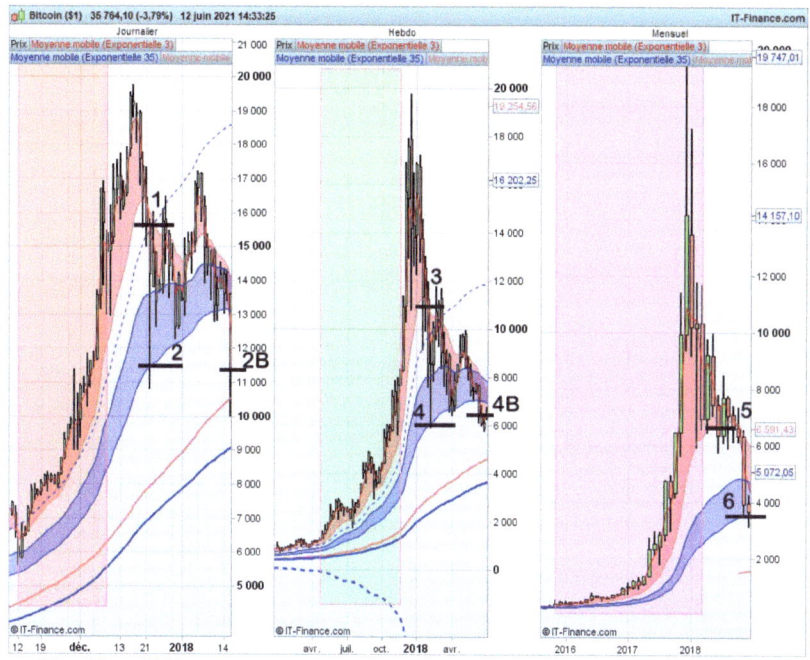

© ProRealTime.com

Il s'agit d'un éclatement de bulle de niveau 2/3/4. Nous avions presque une bulle de niveau 1 sur le graphique 4 heures, il ne manquait que 5 bougies au-dessus de la bande rouge pour en avoir 30. Cela aurait permis de détecter encore plus précocement l'éclatement vers 17 740 $. Analysons le graphique de gauche à droite : le rectangle orange authentifie une bulle journalière qui éclate en 1 (clôture sous la MME15 à 15 651 $, le 21/12/17) pour un objectif en 2 (MME60 à 11 436 $) avec une probabilité de 80 %. C'est un éclatement de bulle de niveau 2, un mini-krach. À noter : une baisse un peu plus forte (-42 %) que la normale (souvent estimée entre -16 et -30 %). Ce qui est incroyable, c'est que l'objectif ait été réalisé en seulement une journée après le signal.

Le rectangle vert caractérise une bulle hebdomadaire, qui éclate en 3 (clôture sous la MME15 à 10 171 $ le

22/01/18) pour un objectif en 4 (MME60 à 6 046 $) avec une probabilité de 80 %. C'est un éclatement de bulle de niveau 3, soit un krach de niveau 1 avec une baisse de 70 % depuis le point haut vers 20 000 $. C'est bien au-delà de la baisse moyenne, généralement inférieure à 55 % pour ce type de krach.

Le rectangle rose met en évidence une bulle mensuelle, qui éclate en 5 (clôture en juin 2018 sous la MME15 à 6 342 $) pour un objectif en 6 (MME60 à 3 485 $ en novembre 2018). C'est un éclatement de bulle de niveau 4, c'est-à-dire un krach de niveau 2 avec une baisse de plus de 55 % depuis le point haut. Elle atteindra 82 %.

Je viens de décrire une bulle de niveaux 2/3/4 avec propagation du plus petit horizon (journalier) au plus grand (mensuel), en suivant à la perfection le modèle. Les relations entre les trois horizons se font en 2B/3 et 4B/5 sur le graphique. La particularité de ce krach est le rebond quelque temps sur les bandes bleues journalière et hebdomadaire, avant de les rompre à la baisse et de casser par la même occasion les bandes rouges hebdomadaire et mensuelle aux niveaux 2B/3 et 4B/5.

Pour l'anecdote, j'avais fait une conférence sur le Bitcoin devant 200 personnes le vendredi 19 octobre 2018 : il était autour des 6 500 $ et j'avais annoncé la forte probabilité d'aller à 3 500 $ (je m'étais simplement servi de mon modèle pour anticiper ce prix). Beaucoup ont considéré ma prévision comme farfelue, car le Bitcoin avait déjà baissé de 67 %. Deux mois plus tard, il touchait les 3 500 $. Je vous déconseille donc fortement de lutter contre le modèle !

On pouvait donc facilement, en suivant le modèle, ne pas se faire piéger par ce krach et même en profiter tout au long de son enchaînement.

Ce krach très sévère sur le Bitcoin ressemble au krach de 1929 dans son amplitude. Il est cependant 4 fois plus rapide, et il n'a surtout pas eu les mêmes conséquences économiques dévastatrices que dans les années 30.

3-5 Le krach du Bitcoin de 2021

Avoir deux bulles spéculatives aussi rapprochées sur un même actif est une première dans l'Histoire. Il n'aura fallu qu'un peu plus de trois ans pour que les investisseurs retombent, une fois encore, dans le piège de la cupidité (alors qu'il faut généralement 8 ans au minimum sur un même actif). Par rapport au précédent krach, celui-ci va prendre une forme un peu différente mais tout aussi prévisible.

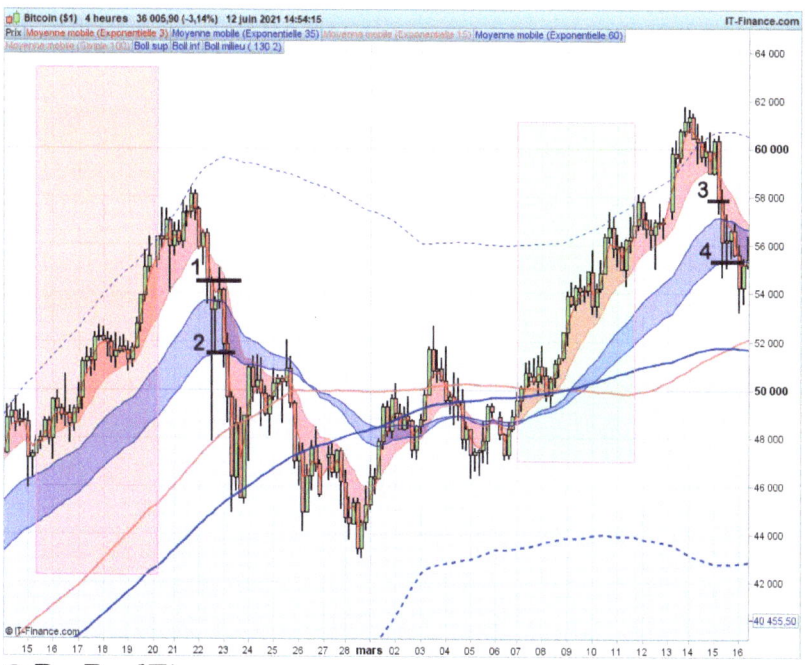

© ProRealTime.com

À partir de mars 2021, on peut définir une bulle de niveau 3 (qui sera analysée au graphique suivant). Avant l'éclatement de cette bulle de niveau 3, deux bulles de niveau 1 se sont formées (rectangles orange et vert sur le graphique ci-dessus). À noter qu'on ne pourra pas définir de bulle de niveau 2. En soi, ce n'est pas très grave : le système d'ondes ne sera pas homogène, et on n'aura pas successivement des bulles de niveaux 1/2/3/4, mais l'essentiel est de bien savoir où regarder et quelle(s) bulle(s) expertiser. On ne pourra pas définir non plus de bulle de niveau 4, car au moment où j'écris ces lignes, il n'y a que 15 bougies dans la bande rouge mensuelle (l'avenir nous dira si on accèdera ou pas à une bulle de niveau 4, vérifiez-le par vous-même).

Nous avons donc un schéma de bulles de niveaux 1 et 3. Analysons les deux bulles de niveau 1 : le rectangle orange confirme une bulle 4 h qui éclate en 1 (clôture le 22/02/2021 sous la MME15 à 54 517 $) pour un objectif en 2 (MME60 à 51 447 $) avec une probabilité de 80 %. Cet éclatement de bulle de niveau 1 est une correction (micro, puis macro-correction, si on avait tracé les ratios de Gann et de Fibonacci). On pouvait donc prévoir une baisse de 6 % au moins, même si elle a été plus importante. Notez que cette bulle était définie par une phase 3, sans bougies vraiment situées au-dessus de la bande de Bollinger, ce qui est souvent le cas en phase 3.

Le Bitcoin a reconstruit une bulle de niveau 1 à quasiment un mois d'intervalle. Le rectangle vert met en évidence cette bulle, qui éclate en 3 (clôture le 15/03/21 sous la MME15 à 57 830 $) pour un objectif en 4 (MME60 à 55 305 $) avec une probabilité de 80 %. Ce nouvel éclatement de bulle de niveau 1 est encore une correction. On pouvait donc prévoir une baisse de 5 % au moins, même si elle a été plus importante elle aussi. Dans ce cas, la bulle était définie par une phase 2 (dilatation bilatérale des bandes de Bollinger).

On voit donc que les bulles de niveau 1 (4 h) sont loin d'être dévastatrices. Ce qui est fondamental, c'est de bien étudier les horizons de temps qui sont supérieurs au 4 h (journalier/hebdomadaire/mensuel) pour y rechercher d'éventuelles bulles de niveau supérieur et surtout leur propagation.

Nous allons voir que les choses se compliquent pour le Bitcoin avec le graphique suivant : il venait presque de toucher les 65 000 $, et quasiment toute la communauté financière anticipait un Bitcoin à 100 000 $ avant l'été 2021. Mon modèle en a décidé autrement !

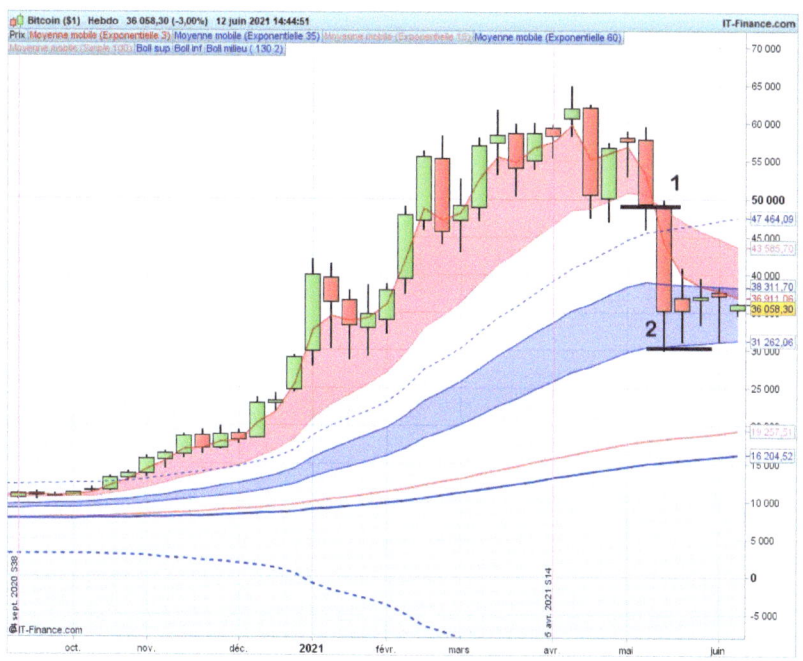

© ProRealTime.com

Entre septembre 2020 et mars 2021, on repère une bulle de niveau 3 sur le graphique hebdomadaire, qui éclate en 1 (clôture le 10/05/2021 sous la MME15 à 49 338 \$) pour un objectif en 2 (MME60 à 30 531 \$) avec une probabilité de 80 %. Le 10 mai, on pouvait donc pronostiquer une baisse à venir de 38 %. Le Bitcoin a atteint cet objectif en une semaine, caractérisant ainsi un krach de niveau 1, avec la baisse de 53 % depuis le sommet du mois d'avril, c'est-à-dire dans la norme de la classification.

Prospective : j'écris ces lignes le 26 juillet 2021. Soit le Bitcoin reprend le chemin de la hausse, et on surveillera alors la possibilité qu'il forme de nouvelles bulles de niveau 1-2 ou/et 3, qu'on suivra et analysera selon le modèle. On surveillera également la possibilité d'une bulle de niveau 4 : pour cela, il faudra que le Bitcoin reste dans sa bande rouge mensuelle ou au-dessus jusqu'en septembre 2022 inclus. Pour retrouver un vrai courant haussier en direction de son sommet historique ou plus haut, il devra repasser au-dessus du ratio 0,618 (en noir) à 51 104 \$. Soit il casse le bas de la bande bleue hebdomadaire en clôture (un peu au-dessus de 30 000 \$) et surtout le ratio 0,618 (en mauve) de l'ensemble du mouvement haussier de 2020 à 2021, c'est-à-dire à 27 152 \$ (en clôture hebdomadaire). Le potentiel de baisse sera alors situé vers 20 000 \$ (pour le coup, ce n'est pas le modèle qui dit cela, mais l'analyse graphique plus conventionnelle, avec un probable effet de retour sur l'ancien sommet historique de 2017).

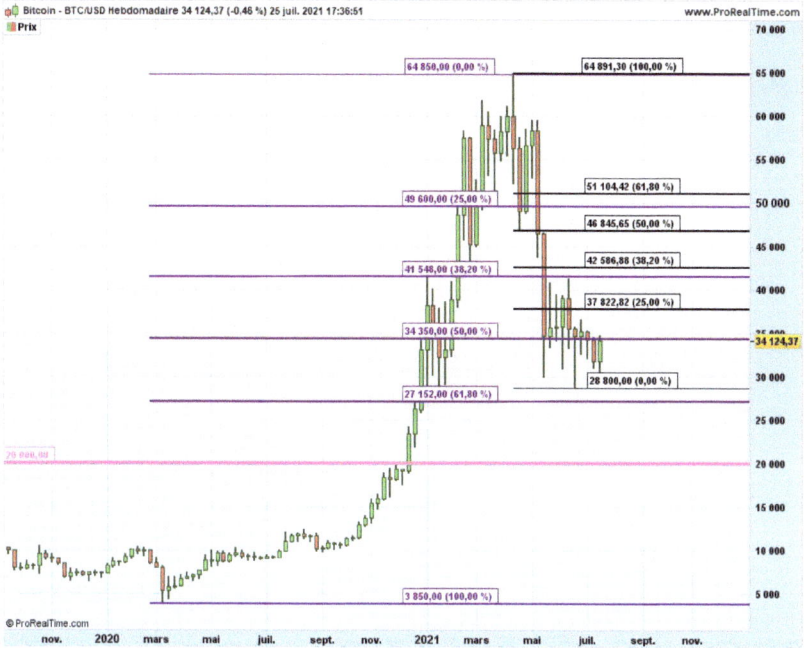

NB : Je n'ai pas fait apparaître les bandes de couleur dans le graphique ci-dessus pour faciliter la lecture des différents ratios.

4 – Pour aller plus loin

– La bulle de 2018 (la bulle Trump)/la crise du COVID-19/la Bulle des banques centrales

Le Dow Jones était dans une bulle spéculative entre 2017 et 2018 à la suite de l'élection du président Trump fin 2016 et à ses mesures fiscales avantageuses pour les entreprises et les particuliers. Cette bulle de niveau 4 a éclaté en décembre 2018, mais n'est pas allée à son terme, c'est-à-dire dans le bas de la bande bleue mensuelle (cf. graphique ci-dessus). La FED a contrecarré la tendance naturelle baissière du marché en commençant à rentrer dans une politique monétaire très accommodante assimilable à du dopage des marchés d'actions.
La crise du COVID-19, qui a conduit à un krach, n'était pas précédée d'une bulle spéculative, le modèle ne pouvait

donc pas être utilisé. Les signes noirs par excellence peuvent créer des krachs sans que les marchés soient dans des bulles spéculatives. La crise du COVID-19 en est la parfaite illustration, c'est une première dans l'histoire moderne des marchés financiers.

Les banques centrales ont évité une crise économique très sévère, probablement à la hauteur de celle de 1929, en baissant radicalement les taux d'intérêt et en injectant d'énormes liquidités de façon constante sur les marchés. On est en train de voir apparaître de nouvelles bulles spéculatives de niveau 3 depuis juin 2021 sur les marchés d'actions et surtout aux États-Unis liées à ces interventions. On surveillera la possibilité de mise en place de bulles de niveau 4.

Il ne faudrait pas à l'avenir que les investisseurs perdent confiance en la capacité des banques centrales à nous protéger.

On peut néanmoins anticiper la formation de bulles plus ou moins grosses qui finiront par éclater. Je prends le pari que la nouvelle crise s'appellera : « la crise des banques centrales » ou « la bulle des banques centrales ». Le modèle devrait donc être très utile pour prévoir, éviter et savoir profiter de ces futurs éclatements de bulle.

Le ProScreener

Ceux qui utilisent le logiciel ProRealtime peuvent facilement détecter les actifs qui sont en situation de bulle spéculative.

Il suffit de suivre les étapes suivantes :

1. Ouvrir le logiciel

2. Menu Affichage dans la barre d'outils

3. Nouveau ProScreener

4. Créer

5. Création par programmation

6. Écrire la formule ci-dessous

    Bulle=summation[30](close>exponentialaverage [15])=30
    screener[Bulle]

7. Sélectionner une ou plusieurs listes d'actifs

8. Sélectionner l'unité de temps qui sera expertisée

9. Donner un nom à votre ProScreener

10. Puis exécuter le ProScreener

11. Vous pouvez créer de la sorte 4 ProScreener (4 h/Journalier/Hebdomadaire/Mensuel) pour accéder à la liste des marchés présentant une bulle.

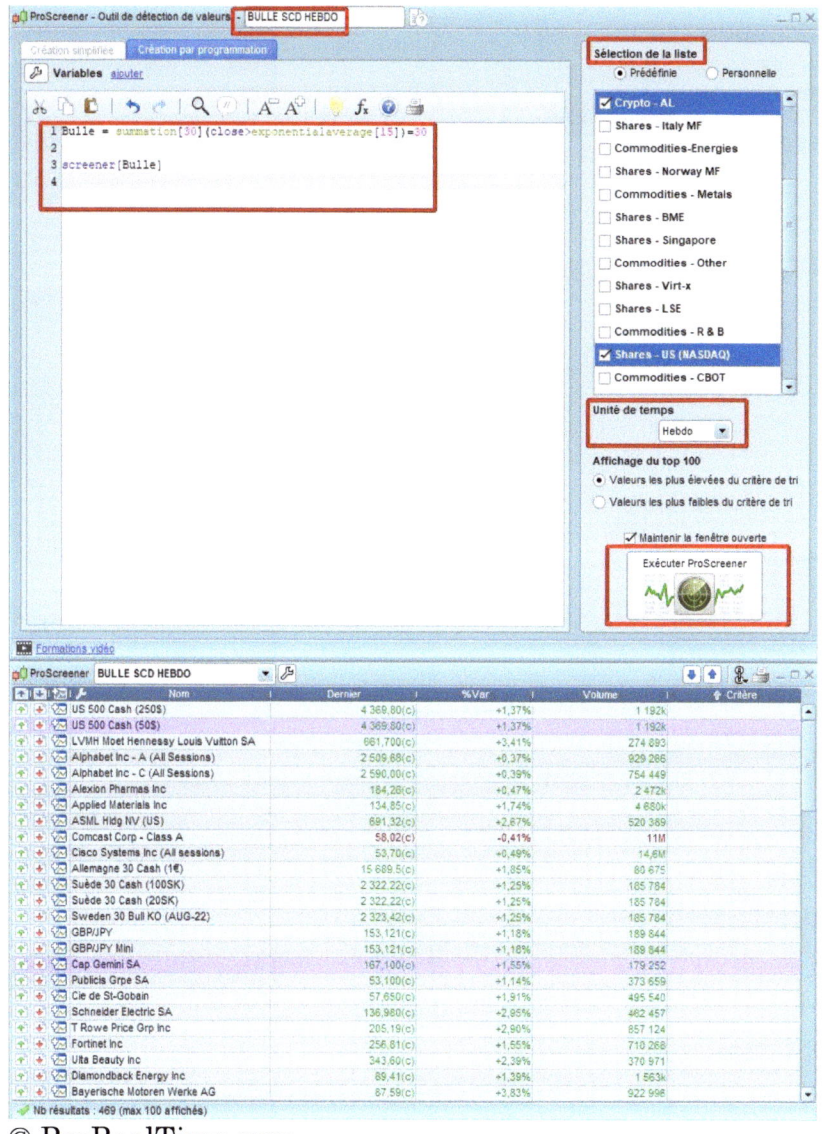

© ProRealTime.com

Le tableau ci-dessus renvoie les résultats des marchés présentant une bulle sur une base hebdomadaire. On peut ainsi créer une liste de valeurs que l'on souhaite surveiller.

Prenons l'exemple du SP500 (US500) :

© ProRealTime.com

Il y a bien plus de 30 bougies au-dessus de la bande rouge au moment où s'arrête le graphique. Les cours sont au-dessus de la bande de Bollinger, ce qui témoigne d'une phase 2 ou 3.

La moyenne mobile exponentielle à 15 semaines (MME15) passe à 4 187 points. Elle définit un niveau potentiel de support, voire de correction. Une clôture hebdomadaire sous la MME15 activerait le modèle, avec 80 % de chance de revenir en direction de la MME60, qui s'établit à 3 761 points.

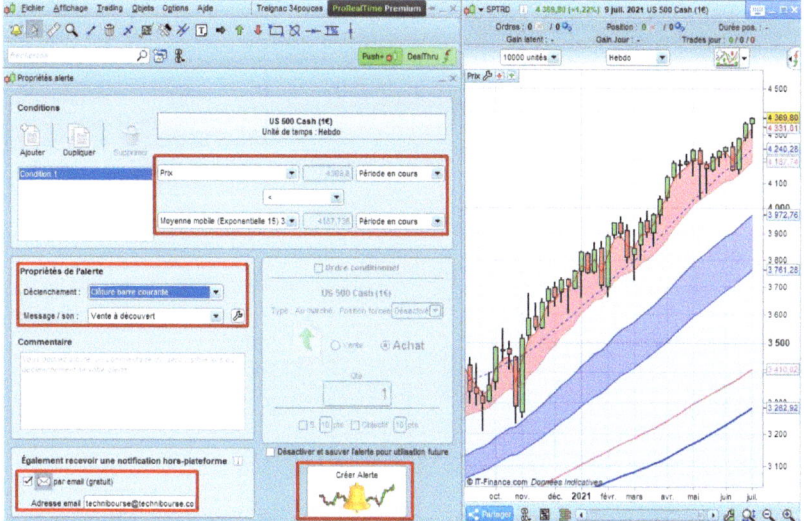

© ProRealTime.com

On peut également suivre automatiquement l'évolution de la bulle en mettant une alerte sur la MME15.

En cliquant sur la cloche jaune de la barre d'outils, puis en cliquant sur le graphique, on accède aux définitions des conditions de son alerte comme sur le graphique ci-dessus.

On recevra un courrier électronique le jour où les cours clôtureront un vendredi soir sous la MME15.

Conclusion

Nous espérons que ce livre vous aura donné envie de suivre les prochaines bulles, aussi bien à la hausse qu'à la baisse, que ce soit sur les cryptomonnaies, les indices, les devises, les matières premières ou sur certaines actions. De nombreux ouvrages ont évoqué et disséqué les krachs retentissants de l'Histoire pour tenter de les comprendre, mais sans jamais expliquer la façon de les anticiper et de les suivre pas à pas.

L'approche évoquée dans ce livre est unique au monde et a le mérite d'obéir à un modus operandi accessible à tous, après bien entendu quelques heures de mise au point (outils, logiciel pour créer le setup), mais aussi d'entraînement en suivant des actifs évoluant dans une bulle spéculative clairement authentifiée. On parvient ainsi, en quelques heures seulement, à un niveau d'expertise qui a exigé des milliers d'heures de mise au point. Il serait dommage de ne pas pratiquer le modèle, qui vous évitera de vous faire piéger par une explosion de bulle (et les conséquences plus ou moins fortes de sa déflagration). Vous pourrez même en profiter, si les conditions s'y prêtent.

Pour avoir l'image la plus parlante d'un krach, pensez à un système d'ondes de choc ou à un souffle d'explosion qui se propage d'unité de temps en unité de temps. Plus la propagation touche les unités hebdomadaire ou mensuelle, plus on est au cœur d'un phénomène historique (aux effets plus ou moins graves d'un point de vue économique). Vous serez acteur du phénomène, avec beaucoup de détachement et d'anticipation, vous pourrez tenter de profiter de l'effet domino qui affectera tant d'autres personnes.

Je vous encourage à bien comprendre qu'un krach est tout à fait prévisible en exploitant cette méthode, car il obéit à une suite d'évènements qui, très souvent, sont remarquablement bien codifiés.

À la manière du ratio d'or qui jalonne de son empreinte le monde du vivant, la chronologie d'un krach obéit à une somme d'interactions récurrentes, essentiellement liées à la psychologie des foules. Il ne fallait que quelques outils techniques et la volonté de trouver les dénominateurs communs pour expliquer la naissance d'une bulle et son dégonflement avec ses réactions en chaîne.

L'autre idée forte de ce livre, fondamentale si on s'intéresse à l'analyse graphique, est l'explication de l'évolution d'un marché à l'aide des ratios de Gann et de Fibonacci. Si vous êtes à la recherche d'une méthode et d'un liant pour finaliser votre approche technique et graphique, vous ne pouvez pas passer à côté de cette partie de l'ouvrage.

Si vous avez aimé ce livre, notre plus belle récompense serait que vous en parliez autour de vous sur les réseaux sociaux, et surtout que vous mettiez un avis sur la plateforme où vous l'avez acheté (Amazon, Fnac…).

Pour toutes demandes (formations, conférences…), n'hésitez pas à nous contacter par mail à : technibourse@technibourse.com
ou au 07.81.40.86.19
et à vous rendre sur le site :
Technibourse.com

Postface

En tant qu'éditeur, je suis très heureux d'avoir publié Stéphane Ceaux-Dutheil, qui a été le premier auteur de JDH Éditions en 2017 avec *Le trading, c'est presque facile !* Et pourtant, il n'en était pas à son premier livre, mais il a fait confiance à notre toute jeune maison d'éditions qui osait alors se lancer. Depuis, il n'a pas publié ailleurs, et je le remercie de sa confiance et sa fidélité. Stéphane est par ailleurs quelqu'un que j'apprécie énormément sur le plan humain, et il est un trader avisé, sérieux, qui planche jour et nuit sur ses modèles.

Avec ce nouvel ouvrage, *Krachs sur mesure*, dont la couverture ne manquera pas de faire parler d'elle, il nous montre, grâce à l'aboutissement de son modèle, qu'il travaille depuis des années, que chacun peut anticiper son krach, que ce soit sur une action en particulier, sur un indice, une cryptomonnaie, etc. Ce tout nouvel ouvrage de la collection « Les Pros de l'Éco » montre enfin qu'un krach n'est pas dramatique ; au contraire, il est nécessaire, et surtout, il permet au trader ou même à l'investisseur avisé de réaliser de belles plus-values.

Bibliographie

Autres ouvrages de Stéphane Ceaux-Dutheil

Bourse et analyse technique
Éd. Economica, 2002
(épuisé, parfois d'occasion sur *technibourse.com*)

Le Scalping (Approche graphique et méthode de performance mentale)
co-écrit avec Gilles Séro, Ed. Gualino, 2013
(épuisé, parfois d'occasion sur *technibourse.com*)

Le trading, c'est presque facile !
Éd. JDH, 2017
(disponible sur *technibourse.com*)

Site et réseaux sociaux

Retrouvez toute mon actualité sur Technibourse.com : analyses, séminaires, webinaires, conférences, formations, livres, direct BFM Business...

https://twitter.com/technibourse

https://www.facebook.com/stephane.ceauxdutheil

Dans la recherche des chaînes, tapez :
Ceaux-Dutheil

Dans la barre de recherche tapez :
Ceaux-Dutheil

Préface 7
Le mot des auteurs 11

Introduction 13

PREMIÈRE PARTIE : Les bulles et krachs célèbres de l'Histoire 15
   1 – La bulle des mers du Sud 17
   2 – La crise de 1929 26
   3 – La bulle des Dotcom de 2000 38
   4 – La crise des « Subprimes » 2008 47
   5 – Le krach du Bitcoin de 2017 57

SECONDE PARTIE : Une bulle s'identifie, un krach se prévoit et obéit à une routine 73
   1 – Les outils essentiels pour construire une analyse 75
      1-1 Les chandeliers japonais 76
      1-2 Les ratios de Gann et de Fibonacci 95
      1-3 Les moyennes mobiles 113
      1-4 Les bandes de Bollinger 114
      1-5 Le SETUP SCD (bande rouge, bande bleue) .. 117
   2 – Bulles, minikrachs et krachs : un système d'ondes 120
      2-1 Un système d'ondes 120
      2-2 Définition, classification et routine d'un éclatement de bulle 121

2–3 Conséquences 128
2–4 Rappels et règles complémentaires 130
2–5 La vente à découvert 133
2–6 Quelques propositions stratégiques 135
2–7 Le modèle fonctionne-t-il à la hausse ? 137
2–8 Tableaux récapitulatifs et synthèse des actions à mener 142

3 – Mise en application, exemples 147
3–1 Le krach de 1929 147
3–2 Le krach de 2000 149
3–3 Le krach de 2008 152
3–4 Le krach du Bitcoin de 2017 154
3–5 Le krach du Bitcoin de 2021 157

4 – Pour aller plus loin 162

Conclusion 169
Postface 171
Bibliographie 173
Site et réseaux sociaux 175

Dans la même collection

L'or et l'argent
Guide complet pour comprendre et investir

de Thomas Andrieu

Découvrez les autres collections de JDH Éditions

Magnitudes

Drôles de pages

Uppercut

Nouvelles pages

Versus

Les collectifs de JDH Éditions

Case Blanche

Hippocrate & Co

My Feel Good

F-Files

Black Files

Quadrato

Baraka

Les Pros de l'Éco

Sporting Club

Suivez **JDH Éditions** sur les réseaux sociaux pour en savoir plus sur les auteurs, les nouveautés, les projets…

Découvrez notre boutique en ligne sur
www.jdheditions.fr